Inhalt

Die wichtigsten MARCO POLO Highlights

Sehenswürdigkeiten, Orte und Erlebnisse, die Sie nicht verpassen sollten

1 Jüdisches Kazimierz
Jeden Juni verwandelt das Festival jüdischer Kultur den Krakauer Stadtteil in eine große Freilichtbühne mit den besten Klezmer-Interpreten aus aller Welt (Seite 25)

2 Königsweg
Wegen architektonischer Glanzleistungen wie beim Wiederaufbau des Danziger Stadtkerns wurden polnische Restaurateure berühmt (Seite 28)

3 Słowiński-Nationalpark
Bis zu 30 m hoch werden hier die weißen Sanddünen, und jedes Jahr wandern sie 10 m weiter (Seite 33)

4 Masurische Seen
In dieser einzigartigen, sanften Landschaft mit Tausenden von Seen und dunklen Wäldern kehrt innere Ruhe ein (Seite 35)

5 Frombork (Frauenburg)
Ein Panoramablick von der Bastei auf dem Domberg: im Westen über das endlose Wasser der Ostsee, im Norden bis nach Russland (Seite 37)

6 Malbork (Marienburg)
Die Marienburg, erbaut vom Deutschen Orden, zählt zu den gewaltigsten Profanbauten des Mittelalters (Seite 38)

Krakaus Marktplatz: In den Tuchhallen sind Cafés und Läden untergebracht

Waldbewohner: der Schwarzstorch

7 Wolfsschanze (Wilczy Szaniec)
Von Hitlers einstigem Hauptquartier bei Kętrzyn zeugen noch riesige, meterdicke Betonblöcke in einem verwilderten Wald (Seite 38)

8 Kulturpalast
Der graue Koloss aus stalinistischen Zeiten bietet mit seiner Aussichtsterrasse im 30. Stock den schönsten Blick auf Warschau (Seite 54)

9 Krzeszów (Grüssau)
Nach der Renovierung entfaltet das Kloster Grüssau seine grandiose barocke Schönheit (Seite 65)

10 Rynek (Marktplatz)
Breslaus wunderschön restaurierter Markt ist ein Magnet für Flaneure, Hungrige und Kulturbegeisterte (Seite 72)

11 Rynek Główny
Tauben schwirren durch die Luft, zwischen Renaissance, Gotik und Straßencafés flanieren die Menschen – Krakaus Markt hat südländisches Flair (Seite 76)

Warschau: Kulturpalast (234 m)

12 Ikone der Schwarzen Madonna
Singend und betend ziehen Zehntausende jedes Jahr zu Fuß nach Tschenstochau (Seite 81)

13 Oświęcim (Auschwitz)
1,1–1,5 Mio. Menschen kamen hier in den Gaskammern der Nationalsozialisten um. Auschwitz ist Symbol des Völkermords (Seite 81)

14 Wieliczka
In den vielen Stockwerken des ehemaligen Salzbergwerks werden Feste gefeiert und Kranke geheilt (Seite 82)

15 Zamość
In diesem dekorativen Kleinod der Spätrenaissance fühlen sich Besucher in das 17. Jh. zurückversetzt (Seite 89)

★ *Die Highlights sind in der Karte auf dem hinteren Umschlag eingetragen*

Entdecken Sie Polen!

Einsame Seen und Wälder, weite Ebenen, prächtig restaurierte Städte und ein Volk in Aufbruchstimmung

Wer ist sich schon dessen bewusst, dass es von Berlin bis Köln genau so weit ist wie von Berlin bis Warschau? Oder dass die Stettiner nur anderthalb Stunden unterwegs sind, wenn sie mit dem Auto zum Einkaufen nach Berlin fahren? Polen liegt so nah und dennoch so weit. Traditionell blicken Westeuropäer eher nach Westen als nach Osten. Dabei hat Polen nicht nur landschaftliche Attraktionen und eine ebenso spielerische wie geschichtsbewusste Mentalität zu bieten. Auf Grund jahrhundertelanger Nachbarschaft begegnen gerade Deutsche in Polen oft der eigenen Geschichte.

Das Land (313 000 km^2, 38 Mio. Ew.) bietet seinen Besuchern ganz unterschiedliche Reize. Im Norden die lange Ostseeküste mit ihrem weißen Sandstrand, die ausgedehnte Seenlandschaft, in der fast 10 000 stehende Gewässer eine Ausdehnung von mehr als 1 ha haben, und die endlosen Wälder voller Blaubeeren und Pilze. Die Sudeten und Karpaten locken mit malerischen Bergseen, Wasserfällen,

Barocker Prachtbrunnen vor barocker Pfarrkirche in Otmuchów

In Polen ist der seltene und scheue Schwarzstorch noch heimisch

skurrilen Felsformen, sanften und wild zerklüfteten Berggipfeln. Die Bieszczady schließlich, das Gebirge am südöstlichsten Zipfel Polens, dicht an der Grenze zur Ukraine, bilden den romantischen, aber armen Teil des Landes, der in der Infrastruktur weit hinter den Landesdurchschnitt zurückfällt.

Neben diesen Schönheiten und vielen weitgehend intakten und natürlichen Gegenden hat das Land allerdings auch dunkle Seiten. Das ganze oberschlesische Kohlerevier überzieht eine dunkelgraue, dumpfe Rußschicht. Abwässer aus den Industrieanlagen und Wohnzentren haben das Wasser von Weichsel und Oder seit langem verseucht; Umweltschutz rückt erst langsam

Geschichtstabelle

1200–500 v. Chr. Zwischen Oder und Weichsel blüht die vorslawische so genannte Lausitzer Kultur

ab 500 v. Chr. Skythen und Kelten aus Skandinavien (»Veneter«) verdrängen die Lausitzer Kultur

ab 500 n. Chr. Slawen wandern ein aus den Gebieten um die Flüsse Dnjepr und Pripjet

966 Fürst Mieszko I. lässt sich und sein Volk taufen

1225 Konrad von Masowien ruft den Deutschen Orden gegen die Prußen ins Land

1410 Niederlage des Deutschen Ordens bei Tannenberg

1506–72 Goldenes Zeitalter Polens unter den Jagiellonen

1573–1795 Zeit der Wahlkönige und des inneren Zerfalls

1655/56 Die Schweden überrennen und verwüsten das Land; Tschenstochau widersteht

1683 Wahlkönig Jan III. Sobieski besiegt die Türken vor Wien

1772–1918 Nach drei Teilungen ist Polen aufgeteilt unter Russland, Österreich und Preußen

1830/1846/1848/1863 Die vier polnischen Aufstände gegen die Fremdherrschaft

1918 Polen wird souveräner Staat

1939–1945 Polen ist von deutschen und (zeitweise) von sowjetischen Truppen okkupiert

1945 Infolge des Zweiten Weltkriegs wird Polen mit einem Drittel seines Landes nach Westen verschoben (Deutschland verliert Ostpreußen, Pommern, Schlesien)

1956 Ende des Stalinismus: Władisław Gomułka übernimmt wieder die Macht

1970 Der Arbeiterprotest in Danzig wird niedergeschlagen

1980 Die freie Gewerkschaft »Solidarność« entsteht

1981 General Wojciech Jaruzelski verhängt das Kriegsrecht über das Land (bis 1983)

1989 Das Machtmonopol der Kommunistischen Partei wird gebrochen

1990 Arbeiterführer Lech Wałęsa wird erster Staatspräsident

1999 Polen wird Mitglied der Nato

2000 Nach 1995 wird Aleksander Kwaśniewski zum zweiten Mal Staatspräsident

2004 Polen wird Mitglied der Europäischen Union

ins Bewusstsein. Wie so oft in Polen – die Extreme liegen dicht beieinander.

Extrem ist auch der Unterschied zwischen den grauen Betonsilos der Trabantenstädte und den erstklassig wieder aufgebauten oder restaurierten Stadtkernen einiger Großstädte. Warschau, Danzig, Breslau, Stettin und Posen lagen am Ende des Zweiten Weltkriegs ganz oder zu großen Teilen in Schutt und Asche. Entweder hatte Hitler sie mutwillig zerstört (wie Warschau nach dem Aufstand der polnischen Untergrundarmee im Herbst 1944), oder sie waren in die Kampflinie zwischen den abrückenden deutschen Einheiten und den vorstoßenden sowjetischen Truppen geraten.

» Viele Stadtkerne sind wunderschön restauriert «

Gleich in den ersten Nachkriegsjahren ließ die kommunistische Regierung jedoch ganze Häuserzeilen mit unendlicher Akribie und nach alten Plänen wieder aufbauen, die den Gebäuden ihre ursprünglichen Fassaden zurückgaben. Nun sind Warschaus und Danzigs Stadtkerne – die einen sagen es mit Stolz, bei den anderen schwingt ein wenig Distanz mit – lebendige Museen, grandios kopierte Originale aus vergangenen Jahrhunderten, die die zerschossene, zerbombte, verbrannte Vergangenheit vergessen machen.

Die Polen sind sehr geschichtsbewusst. Ganz anders als der Westen orientieren sie sich stark an Denk- und Verhaltensmustern aus der Vergangenheit, vor allem an der grundlegenden Erfahrung, dass selbst lange und drückende Fremdherrschaft nicht ihre nationale Identität zerstören kann. Das war so in den 146 Jahren, in denen das Land unter Preußen, Russen und Öster-

Die Brücke in Thorn überspannt Polens längsten Fluss: die Weichsel

Der Altstadtmarkt ist Zentrum eines der schönsten Viertel Warschaus

reichern aufgeteilt war (1772 bis 1918), das wiederholte sich 1939 bis 1945 unter nationalsozialistischer Okkupation und nochmals unter der kommunistischen Herrschaft nach 1945. Die Nation sah sich als Märtyrer, als »Christus der Völker«, Dichter wie bildende Künstler setzten ihrer Aufopferung und ihrem Leiden im 19. Jh. Denkmäler. Noch heute wird an Allerheiligen der Powązki-Friedhof in Warschau zu einem wogenden Lichtermeer. An den Gräbern von Verwandten und Freunden, die für Polen kämpften und fielen, stellt sich die Gemeinschaft aller her, die für das Vaterland das Leben zu opfern bereit waren und sind. Auch Solidarność schuf Gedenkstätten für die Märtyrer der polnischen Protestbewegung, wie etwa in Posen für die Erschossenen des Juni-Aufstands von 1956 oder in Danzig für die beim Streik 1970 Ermordeten.

Als Erste in Osteuropa haben sich die Polen gegen die kommunistische Herrschaft gewehrt. Und von Polen ging der Aufbruch aus – 1980, als die unabhängige Gewerkschaft Solidarność gegründet wurde, und 1989, als am »Runden Tisch« die Kommunisten eine echte Opposition im Parlament zulassen mussten. Polen brachte den Stein ins Rollen, der schließlich den Kommunismus auch in Prag, Budapest, Bukarest und Ostberlin stürzte.

Seit der Wende ist Polen ein Land des Umbruchs. Aus dem egalitären, rigiden kommunistischen Korsett hat sich unter großen Anstrengungen eine Gesellschaft herausgeschält, die lernt, ihre Freiheit zu nutzen. Unrentables fiel, staatliche Betriebe machten dicht, der private (auch der schwarze) Handel blühte. In den Städten eröffneten Selbstbedienungsläden, Lokale und Boutiquen, ausländische Konzerne bauten Filialen in allen Großstädten auf, hier schossen gläserne Bürohäuser aus dem Boden, dort wurden Altstädte restauriert. Das Einheitsgrau aus sozialistischen Zeiten wurde von bunten Reklameschildern verdrängt. Besonders die Großstädte Warschau, Breslau, Danzig und Krakau können sich in Bezug auf Warenangebot, Gastronomie und kulturelle Darbietungen durchaus mit dem Westen messen.

Und die Polen wollen sich messen, besonders mit den Deutschen – dem überlegenen Nachbarn, der sich in der Teilungszeit die Westgebiete Polens einverleibte, im Nationalsozialismus das ganze Land besetzte und nach dem Zweiten Weltkrieg mit der sowjettreuen DDR die aufmüpfigen Slawen von Westen her in Schach hielt. Das Misstrauen ihnen gegenüber sitzt daher tief. Doch nach dem Grenzvertrag von 1990 und dem Freundschaftsvertrag von 1991 begannen sich die Beziehungen auf staatlicher Ebene zu normalisieren. Das Verhältnis zwischen Polen und Deutschland entwickelt sich seitdem auch in der Ökologie, der Wirtschaft und der Wissenschaft, vor allem im Bereich der grenznahen Zusammenarbeit. Das Bild der Deutschen – auch wenn die negativen Seiten im Konfliktfall schnell wachzurufen sind – verbessert sich kontinuierlich. Die Polen schätzen Gewissenhaftigkeit, Disziplin und Zuverlässigkeit der Deutschen – fürchten allerdings auch, dass diese Eigenschaften wieder zu blindem Gehorsam degenerieren könnten. Den Deutschen wiederum gefällt die slawische Spontanität, die Wärme und die Gastfreundschaft, aber sie flüchten vor der Improvisation und Regellosigkeit des polnischen Alltags.

» Von Polen ging der Aufbruch aus ... «

»Die Chance ist einzigartig«, sagte die Journalistin Marion Gräfin Dönhoff, als sie 1991 den Ehrendoktor der Universität Thorn erhielt. »Nicht Revisionismus wie nach dem Ersten Weltkrieg ist heute die Losung, sondern die gemeinsame Arbeit am europäischen Haus; also die Errichtung eines gemeinsamen Dachs über beiden Teilen unseres Kontinents.«

Doch gemeinsame Institutionen allein vermögen die Spannungen nicht abzubauen. Das zeigten die durchgängigen Proteste in Polen gegen ein Zentrum gegen Vertreibungen in Berlin – Deutsche als Opfer scheinen die Geschichte auf den Kopf zu stellen. Es bleibt nur, hier wie dort um Verständnis für das Schicksal von Menschen zu werben, deren Geschichtsbilder sich nicht immer entsprechen.

Die Marco Polo Bitte

WWF

Marco Polo war der erste Weltreisende. Er reiste in friedlicher Absicht, verband Ost und West. Er wollte die Welt entdecken, fremde Kulturen kennen lernen, nicht zerstören. Könnte er heute für uns Reisende nicht Vorbild sein? Aufgeschlossen und friedlich sollte unsere Haltung auf Reisen sein. Dazu gehören auch Respekt vor Mensch und Tier und die Bewahrung der Umwelt.

SOLIDARNOŚĆ

Handküsse und Frauenpower

Zwischen Marienkult und avantgardistischer Kultur: Gegensätze bestimmen das Leben in Polen

Außenpolitik

Polen litt immer an seiner geopolitischen Lage: das große Russland im Osten und das große Deutschland im Westen. Die Angst, von übermächtigen Nachbarn erdrückt zu werden, hat bis heute Spuren in der polnischen Mentalität hinterlassen. Trotz des umfassenden Freundschaftsvertrags mit Deutschland (1991) und trotz der Mitgliedschaft in der EU (2004) hat sich die Befürchtung gehalten, nur als Juniorpartner oder gar als Lehrling im westlichen Bündnis wahrgenommen zu werden. Daraus erklären sich manchmal Alleingänge – wie die demonstrative Unterstützung für die USA im Irak-Krieg – oder fehlende Kompromissbereitschaft – wie anfänglich bei der Aushandlung einer europäischen Verfassung.

Bauern

Im kommunistischen Polen waren die vielen kleinen Privatbauern als Bollwerk gegen die Kollektivierung der Landwirtschaft hoch geachtet: Nirgends sonst in Osteuropa wurden nur 18 Prozent des Bodens verstaatlicht – die Privatbauern hatten sogar ein höheres Einkommen als der Durchschnittsbürger in der Stadt. Nun hat Polen endlich eine marktwirtschaftliche Orientierung, doch den Bauern steht das Wasser bis zum Hals. Die kleinen Höfe sind unrentabel und viel zu viele Menschen noch in der Landwirtschaft beschäftigt. Bei EU-Beitritt bewirtschafteten 1,8 Mio. Bauern Höfe zwischen 3 und 15 ha. Ein Strukturwandel und die Rationalisierung der Landwirtschaft werden in der EU unumgänglich werden.

Gedenken an drei Aufstände und die Gründung von Solidarność: das Werftarbeiterdenkmal in Danzig

Frauen

Das kommunistische Polen hatte den Frauen zwar die gleichen Rechte wie den Männern gegeben, aber die Emanzipation hatte wenig Befreiendes: Angesichts der Mangelwirtschaft brachte die ständige Doppelbelastung die Frauen an die Grenze ihrer Möglichkeiten. Für sie bot der Beruf keine Selbstverwirklichung, sondern nur eine zusätzliche Belastung.

Traditionell hingegen ist die polnische Frau sehr geachtet: Sie symbolisiert die Kontinuität der Nation. Wenn nämlich in der fast 150 Jahre währenden Teilungszeit, als der polnische Staat unter Preußen,

Osterfeierlichkeit auf dem Krakauer Marktplatz

Russland und Österreich aufgeteilt war, die Männer im Untergrund kämpften oder ihre Strafe in Sibirien verbüßten, hielten die (Adels-) Frauen das nationale Leben wach.

Deshalb hat in Polen auch der Handkuss überlebt, seit er unter den Sachsenkönigen August II. und III. im 17. und 18. Jh. in Mode kam. So verhielt sich nicht nur der Adel, so verneigte sich auch der einfache Mann vor der Bäuerin, und selbst die kommunistische Herrschaft trieb den Arbeitern die Adelssitte nicht aus. Die meisten Frauen genießen die Geste der Ehrerbietung bis heute als Teil eines Spiels, das gerade deshalb, weil es unverbindlich ist, auch viel Leichtigkeit erlaubt.

Kirche

Um zu verstehen, warum die katholische Kirche in Polen einen so großen Einfluss auf das öffentliche Leben hat, sollte man sich an ihre Rolle im Kommunismus erinnern. Das Gotteshaus bot Schutz vor Verfolgung; die Priester stärkten den Widerstandsgeist. Ohne diese Kirche, ohne Papst Johannes Paul II., hätte niemals die Solidarność-Bewegung entstehen können: Auch dank der Kirche konnte die Volksbewegung den Kommunismus stürzen.

Jetzt ergeht es der Kirche wie allen anderen gesellschaftlichen Organisationen beim Übergang vom totalitären in ein demokratisches System – sie steckt in einer Identitätskrise. Viele Gläubige stoßen sich an dem Hochmut und Machtanspruch, dem Provinzialismus und der fehlenden Innerlichkeit vieler Kleriker.

Die Kirche in Polen verliert an Einfluss wie in jeder pluralen Gesellschaft. Doch die Volksfrömmigkeit – mehr Ritual als individueller Glaube – ist noch sehr verbreitet, und schwerlich dürften irgendwo sonst in Europa solche Eindrücke zu gewinnen sein wie bei den Pilgermärschen oder Mysterienspielen in Tschenstochau, Kalwaria Zebrzydowska und anderen Wallfahrtsorten.

Kultur

Weltweit bekannt unter den polnischen Künstlern vergangener Jahrhunderte ist wohl nur einer: Fryderyk (Frédéric) Chopin, der geniale Neuerer am Klavier, der 1810 in Żelazow Wola unweit von Warschau geboren wurde und 1849 an Lungentuberkulose in Paris starb. Die großen romantischen Schriftsteller Adam Mickiewicz (1798 bis 1855) und Julius Słowacki (1809 bis 1849), der Historienmaler Jan Matejko (1838–93) und der Komponist Karol Szymanowski (1882 bis 1937) sind im Westen hingegen kaum ein Begriff: Zu fremd erscheint vielen ihr Werk, zu stark verwoben mit der polnischen Leidensgeschichte.

Mit den Künstlern des 20. Jhs. verhält es sich jedoch bereits ganz anders. Die Kompositionen von Krzysztof Penderecki und Witold Lutosławski finden sich im Repertoire aller großen Orchester; Tadeusz Kantors Theater »Cricot« erlangte auf dem Gebiet des experimentellen Theaters genauso Weltruhm wie Jerzy Grotowskis »Armutstheater«; und die Namen von Andrzej Wajda und Krzysztof Kieślowski sind Kinogängern seit langem vertraut.

Auf dem Gebiet der Literatur vollzieht sich seit dem Zusammenbruch des Kommunismus ein deutlicher Generations- und Themenwechsel. Waren die Werke der Älteren noch stark beeinflusst von der Auseinandersetzung mit dem totalitären System oder – wie bei Hanna Krall – mit der Vergangenheit des Holocaust, so wählt die junge Generation ihre Themen allein nach individuellem Interesse. Texte von Andrzej Stasiuk, Paweł Huelle, Stefan Chwin oder Olga Tokarczuk sind in den letzten Jahren auch auf Deutsch erschienen.

Minderheiten

Im Vorkriegspolen gehörten dreißig Prozent aller polnischen Staatsbürger einer fremden Nationalität an; nach dem Holocaust und der Westverschiebung des Landes ist es nur noch eine kleine Gruppe von etwa 2 Prozent. Rechtlich ist ihre Lage im demokratischen Polen klar, in ihrem Selbstverständnis müssen sich die Minderheiten jedoch noch finden.

Von den ca. 3 Mio. Juden, die vor dem Krieg in Polen lebten, konnte dem Holocaust nur ein kleiner Teil entkommen. Ungefähr 250 000 Juden wurden 1946 noch in Polen registriert: 15 000 hatten in den Konzentrationslagern überlebt, etwa 20 000 hatten sich mit gefälschten Papieren durchgeschlagen oder waren von Polen versteckt worden, die übrigen hatten sich dem Genozid durch Flucht in die Sowjetunion entzogen.

Schon kurz nach dem Krieg kam es in Polen erneut zu antisemitischen Ausschreitungen und Pogromen. Am bekanntesten wurde das Pogrom in Kielce von 1946 mit 42 Toten. Die meisten polnischen Juden kehrten ihrer Heimat daraufhin den Rücken. Heute zählen vermutlich nicht mehr als etwa 10 000 Personen zur jüdischen Minderheit.

Das polnisch-jüdische Verhältnis war lange verdrängt. Aber nachdem im Jahr 2000 der Massenmord im kleinen Ort Jedwabne neu aufgerollt wurde, wo die Juden des Orts am 10. Juli 1941 von Polen im Schutz der deutschen Wehrmacht umgebracht wurden, hat eine tief greifende Gewissenserforschung über die Beteiligung von Polen an der Ermordung von Juden eingesetzt.

Ebenfalls kompliziert gestaltet sich das Verhältnis zu den Deutschen. Am Ende des Zweiten Weltkriegs mussten 9,3 Mio. Deutsche ihre Heimat in Ostpreußen, Schlesien und Pommern verlassen. Soweit sie nicht vor der Front geflohen waren, wurden sie von den Polen vertrieben. Jenen, die blieben, wurde der Gebrauch der Muttersprache untersagt, sodass weitere Hunderttausende bis in die 80er-Jahre hinein ausreisten. Aber seit 2003 richtet die deutsche Minderheit sogar ein Kulturfestival in Breslau aus.

Vor dem Zweiten Weltkrieg haben gut 5 Mio. Ukrainer in den südöstlichen, galizischen Teilen von Polen gesiedelt. Bei Kriegsende reduzierte sich die Zahl infolge der Westverschiebung auf knapp 700 000. Davon zogen auf Grund eines Repatriierungsabkommens etwa 500 000 in die Ukrainische Sowjetrepublik, die Verbleibenden wurden ab März 1947 in einer brutalen Aktion zwangsweise innerhalb Polens umgesiedelt. Heute leben sie zum größten Teil in jenen Gebieten Ostpreußens und Pommerns, aus denen die Deutschen vertrieben wurden.

Solidarność

Solidarność, 1980 auf der Danziger Lenin-Werft gegründet, war die erste unabhängige Gewerkschaft, die eine kommunistische Partei legalisieren musste – zumindest vorübergehend für anderthalb Jahre, denn dann verhängte Staatspräsident Wojciech Jaruzelski das Kriegsrecht, verbot die Gewerkschaft und ließ Tausende ihrer Aktivisten in Internierungslager bringen. Aber die Massenbewegung von 10 Mio. Menschen ließ sich nicht auslöschen. 1989 gestand die KP der Opposition eine Mitwirkung am politischen Leben zu; bei den Wahlen im Juni 1989 gewannen die Solidarnośćvertreter im Senat auf Anhieb 99 von 100 möglichen Sitzen. Unter dem Ministerpräsidenten Tadeusz Mazowiecki bildete Solidarność im Sommer 1989 die erste nicht kommunistische Regierung im Ostblock.

Symbolfigur der Bewegung war Lech Wałęsa, ein ehemaliger Elektriker. 1983 wurde ihm für seine »Verdienste um die Sicherung des Rechts der Arbeiter auf eine eigene Organisation« der Friedensnobelpreis zuerkannt. Im Herbst 1990 gewann er die ersten freien, allgemeinen Wahlen für das Amt des Staatspräsidenten.

Umwelt

1989 waren große Teile des Wassers verdreckt oder vergiftet. Es gab kaum Kläranlagen. Oder und Weichsel wälzten jedes Jahr etwa 1 Mio. t Schmutz in die Ostsee. Selbst in ländlichen Gebieten durfte aus vielen Brunnen kein Trinkwasser mehr entnommen werden. Mit der Luft stand es entsprechend schlecht. Außer Polen hatten in Europa nur noch Bulgarien und die Türkei den Schwefelausstoß zwischen 1980 und 1987 nicht verringert. Saurer Regen bedrohte besonders die Substanz der alten Kulturstadt Krakau. Ein Drittel der polnischen Bevölkerung lebte in ökologisch bedrohten Gebieten; in Schlesien wurden sogar bereits Schädigungen des Erbguts nachgewiesen.

Auch wenn der Umweltschutz aus Geldmangel nur langsam voranschreitet, sind bereits erste Verbesserungen, beispielsweise auf Grund von Kläranlagen, zu verzeichnen: Die Nachbarländer drängen genauso wie die Touristikbranche.

Wirtschaft

Polen wurde in der neuen Marktwirtschaft zwar in relativ kurzer Zeit mit der Hyperinflation fertig, aber die großen staatlichen Moloche gingen nicht so prompt bankrott, wie es sich die Regierung nach der Streichung der Subventionen erhofft hatte, und mit der Privatisierung ließ sie sich viel – wie viele sagen: zu viel – Zeit.

Doch insgesamt stand das Land wenige Jahre nach der »Schocktherapie« von Leszek Balcerowicz, dem Vater der polnischen Wirtschaftsreform, nicht nur im Vergleich zu den anderen exsozialistischen Ländern gut da: 1994 wies Polen die höchste Wachstumsrate in Europa auf. Und nach einem Einbruch 2001 zog die Wirtschaft mit 3,5 Prozent Wachstum 2003 trotz hoher Arbeitslosigkeit von 17 Prozent wieder an.

Es gibt also viele Neureiche, aber auch viele Arme. Das Durchschnittseinkommen liegt bei 500 Euro. Auf der Gewinnerseite stehen die Großstädte, wo Industrie, Handel und Dienstleistungen expandieren. In Warschau etwa sind nur 5 Prozent der Einwohner arbeitslos. Auf dem Land allerdings, wo mit der Schließung ineffizienter Betriebe häufig die Lebensgrundlage einer Region verloren ging, sind es manchmal bis zu 40 Prozent.

Europa wächst zusammen: Produktion deutscher Motoren in Polkowice

Barszcz und Bigos

Die deftige altpolnische Küche behauptet sich

Die Polen sind zu Recht stolz auf ihre Küche. Zwar halten internationale Gerichte und Fastfood seit 1989 auch östlich der Oder Einzug. Doch neben neu eröffneten spanischen, italienischen, japanischen und vietnamesischen Restaurants werden Sie überall auf einheimische Spezialitäten stoßen, deren Geschmacksrichtungen Sie etwa in Frankreich, Italien oder Deutschland vergeblich suchen.

Das traditionelle Mittagessen besteht aus mindestens drei Gängen und wird normalerweise zwischen 14 und 17 Uhr eingenommen. Suppe, Hauptgang und Nachtisch (und sei es nur Kompott) sind auch im Alltag obligatorisch.

Die Polen lieben den süßsauren Geschmack. Sie finden ihn beim Schweinsrücken, der mit Pflaumen verfeinert wird, ebenso wie beim Wildbret mit Preiselbeeren oder bei der mit Majoran und Rosmarin gebeizten Bratente, zu der eine Apfelfüllung gehört, wie sie früher in Deutschland zum Weihnachtsfest üblich war. Und natürlich beim Eintopf *bigos* – dem polnischen Nationalgericht.

Als Beilage zum Fleisch werden neben Kartoffeln, die es immer wieder und reichlich gibt, auch Reis und *kasza gryczana* (Buchweizengrütze) gereicht. Bunte Salatteller wie in Westeuropa sind in den Städten mittlerweile bekannt. Ansonsten werden Sie neben frischen Gurken, Tomaten und grünem Salat – nach polnischer Art mit einer Sahnesoße angemacht – häufig auf *surówka* stoßen: eingelegtes Sauergemüse, vom Weißkohl über Paprika bis zur Gurke.

Strenge Herren schauen einem auf den Teller: »Polnischer Hof«, Breslau

Zum zünftigen Mahl gehört (noch) ein zünftiger Wodka. Bei den Vorspeisen – einem Karpfen in Aspik etwa, geräuchertem Lachs oder Pilzen aus den heimischen Wäldern – wärmt er den Magen; nach dem Hauptgang regt er die Verdauung an. Zum Essen sind die Sorten *Wyborowa* und *Żytnia* zu empfehlen, während *Żubrówka* mit dem intensiven Geschmack des eingelegten Mariengrases besser zum Abend passt. Sehr in Mode gekommen sind koschere Wodkas, und die Hersteller wetteifern, welche Sorte den jüdischen Reinheitsgeboten am meisten entspricht.

Eine Spezialität in Danzig ist das *Danziger Goldwasser*, ein traditioneller, süßer honiggelber Likör mit hauchzarten Goldflocken.

Jahrhundertelang tranken die Polen ein leichtes und schäumendes Bier zum Essen. Unter dem Kommunismus entwöhnt (weil das heimische Bier nicht schmeckte), haben sie nach 1989 die eigenen Sorten neu entdeckt: beispielsweise

Polnische Spezialitäten

Lassen Sie sich diese Köstlichkeiten gut schmecken!

barszcz – klare Suppe aus Roten Beten, die am besten mit einer fleischgefüllten Pastete schmeckt. Abgeschmeckt wird sie mit Essig

bigos – das Nationalgericht. Ein möglichst mehrfach aufgewärmtes Eintopfgericht aus Sauerkraut, Weißkohl, verschiedenen Fleischsorten, Zwiebeln, Pilzen, Pflaumen

chłodnik – Kaltschale, bei der die Rote-Bete-Suppe mit saurer Sahne, Gurken und Dill angereichert wird

flaki – scharf gewürzte und klein geschnittene Kutteln, die in einer Fleischbrühe gereicht werden

gołąbki – Kohlrouladen, gefüllt mit Reis und Pilzen, Reis und Fleisch oder mit Stampfkartoffeln

kaczka – gebratene Enten werden entweder mit Pilzen oder süßsauer mit Äpfeln gereicht

kapuśniak – eine einfache Weißkohlsuppe mit Kartoffeln, Zwiebeln und Speck

kasza – zu allen Arten von Schweine- und Rinderbraten bildet die aromatische Buchweizengrütze eine unersetzliche Beigabe

kopytka – diese Klöße aus gekochten Kartoffeln werden mit angerösteten Semmelbröseln oder Speckstücken serviert

krupnik – eine Graupensuppe mit Kartoffeln, Pilzen und Fleisch und einem Löffel frischer Butter

mazurek – typisches Ostergebäck aus Mürbeteig, der mit einer Schicht aus Mandeln, Nüssen, Quark, Rosinen und einem üppigen Zuckerguss bedeckt wird

mizeria – Gurken, angemacht mit einer Sahnesoße und abgeschmeckt mit Zitrone, Dill und Puderzucker

pierogi – Teigtaschen mit verschiedenen Füllungen: mit Quark, dazu Sahne oder geschmolzene Butter; zur Hackfleisch- oder Sauerkrautfüllung gehört zudem ausgelassener Speck

zrazy – Rinderbraten, entweder mit Gemüse und Weißwein geschmort oder als Roulade mit Pilzen oder Sauerkraut gefüllt

zupa grzybowa – getrocknete Pilze werden in Brühe gegart, angedickt und serviert mit in Streifen geschnittenem Pfannkuchen

żurek – eine leicht sämige Suppe aus gesäuertem Roggenmehlaufguss, der mit Wurst- und Kartoffelstücken angereichert wird

Lech, Zywiec oder *EB.* Wein ist auf Grund eines hohen Einfuhrzolls teurer als im Westen. Nur in wenigen Lokalen finden Sie gute französische oder italienische Sorten; verbreitet ist hingegen der einfache bulgarische *Sophia.*

Ansonsten heißt das Lieblingsgetränk der Polen *herbata* (Tee). Sie trinken ihn morgens, mittags, abends und zwischendurch. Und da der Kaffee nur in wirklich guten Restaurants als Espresso oder gefiltert, üblicherweise aber mit Satz serviert wird, werden auch Sie den Tee nach wenigen Tagen schätzen lernen.

Im sozialistischen Polen zählten die Restaurants und Cafés in den großen Hotels zu den besten in der Stadt: Normalerweise kann man sich also auf ihre Qualität verlassen. Die neuen Lokale sind nicht unbedingt auf einem höheren Standard, aber weniger steril in der Atmosphäre und oft origineller in den Gerichten. Sie schießen augenblicklich in ganz Polen – vor allem in den Städten – wie Pilze aus dem Boden. Gehen Sie also auf Entdeckungstour; die Qualität des Essens wie des Interieurs ist allerdings sehr unterschiedlich.

Wer aus dem Westen gewohnt ist, es sich nach Tagesausflügen in ländliche Gegenden in Gasthäusern oder Wirtsstuben wohl sein zu lassen, muss in Polen umdenken: Vielleicht findet er in größeren Dörfern tatsächlich eine »Bar«, die auch noch kühles Bier hat. Verlassen Sie sich darauf aber nicht. Bei Ausflügen außerhalb der Städte sollte deswegen immer ein Proviantkorb dabei sein.

Sie sollten nicht zu spät zum Abendessen aufbrechen. Selbst in der Hauptstadt Warschau schließen die meisten Lokale spätestens um 23 Uhr – als Ausweg bleiben dann nur die großen Hotels. Für Ihr körperliches Wohl wird dort gesorgt – vom Alltag der Durchschnittspolen sind Sie dann aber weit entfernt.

Nightlife in Goldtönen: Dieses Lokal strahlt Gemütlichkeit aus

Silber, Bernstein und Porzellan

Von traditioneller Volkskunst bis zu eigenwilligen Schmuckstücken ist mit etwas Glück alles zu finden

Beim Shopping kann man in Polen neben sehr viel Alltäglichem und Geschmacklosem auch sehr Schönes und Ausgefallenes finden. Die *Cepelia-Läden* verkaufen von bestickten Leinentischdecken über handgewebte Teppiche, silbergefassten Bernsteinschmuck bis zum blau bemalten, traditionellen Bunzlauer Geschirr alles, was mit volkstümlicher Kunst und polnischem Handwerk verbunden ist – nichts Artifizielles, eher Derbes, aber in warmen Tönen und aus erdigen Materialien.

Sehr bekannt ist sorgfältig handbemaltes Porzellan aus *Włocławek* und *Bunzlau (Bolesławiec)*. Entweder in Blau oder in Braun auf weißem Grund erhalten Sie Kerzenständer, Bodenvasen, Obstschalen und Essservices.

Auffallend sind die vielen Schmuckgeschäfte. Galerien, Konfektionsläden oder spezielle Geschäfte haben eine große Auswahl an Silberarbeiten. Phantasievoll sind Broschen, Anstecknadeln, Ketten, Ringe, Armreifen – nicht nur im Ostseeraum mit Bernstein kombiniert.

Typisches Mitbringsel von der Ostseeküste: Bernsteinschmuck

Schon immer berühmt wegen seiner Plakatkünstler, hat Polen heute auch namhafte Grafiker, Maler, Bildhauer und Designer vorzuweisen. Vor allem in Krakau und Warschau stoßen Sie auf zahlreiche Galerien mit Werken moderner Künstler. Früher war Kunst in Polen relativ preiswert zu bekommen – heute liegen die Preise auf Westniveau. Dennoch dürfte ein Liebhaber von naiver Malerei selten so viele Motive finden wie in Polen: eine idyllische Dorfhochzeit etwa oder einen fröhlichen Bauernmarkt.

Großer Beliebtheit erfreuen sich die gemäß alten Vorbildern konzipierten bunten oder einfarbigen Tiffanylampen. Fast jedes größere Hotel hat eine kleine Auswahl anzubieten. Wer dort nichts findet, sollte in Spezialgeschäfte gehen, etwa in *Warschau* an der *Nowy Świat.*

Sehr typisch für alte polnische Volkskunst sind die Holzfiguren, die ursprünglich talentierte Bauern in ihrer freien Zeit herstellten. Heute finden Sie die Figuren schon etwas kommerzieller hergestellt, aber nach wie vor sehr typisch in Formen und Farben: religiöse Motive, Bauern und Bäuerinnen, Juden in schwarzem Gehrock und mit Ringellocken, Tiere, Blumen und Obst.

Feste, Events und mehr

Polen öffnet sich der Moderne, ohne traditionelle Bräuche zu vergessen

Neben den großen religiösen und nationalen Feiertagen entwickelt sich – besonders im Sommer – immer stärker eine regionale Kultur mit Musikveranstaltungen, Ritterspielen und Jahrmärkten. Ausführlich informiert über alle Termine: *www.polen-info.de*

Volkstanz und bunte Trachten

Offizielle Feiertage

1. Januar *Neujahr;* **Ostermontag;** **1. Mai** *Tag der Arbeit;* **3. Mai** *Jahrestag der Verfassung vom 3. Mai 1791;* **Fronleichnam;** **15. August** *Mariä Himmelfahrt;* **1. November** *Allerheiligen;* **11. November** *Jahrestag der Unabhängigkeit 1918;* **25./26. Dezember** *Weihnachten*

Feste und Veranstaltungen

März/April

Insider Tipp *Mysterienspiel:* In der Karwoche wird in Kalwaria Zebrzydowska das Leiden Christi aufgeführt. In allen übrigen Kirchen besichtigen die Gläubigen am *Karfreitag* und *Karsamstag* das Heilige Grab und lassen (am Samstag) die Speisen segnen.

Śmigus-dyngus: Am *Ostermontag* bespritzen sich die Menschen gegenseitig mit Wasser: Früher war es Parfüm, und junge Männer zeigten Mädchen so ihre Sympathie.

Mai

Musikfestivals: Im Schloss von *Łańcut* finden Konzerte klassischer Musik statt; in *Hajnówka* im Białowieksi-Nationalpark hingegen ertönt russisch-orthodoxe Kirchenmusik.

Mai/Juni

Fronleichnam: ★ Eindrucksvolle große Prozessionen vor allem in Krakau und Warschau.

Volksspiel des Lajkonik: Das Spiel erinnert an den Holzfäller, der im 13. Jh die Tataren zurückgeschlagen hatte und dann in Tatarentracht nach *Krakau* zurückkehrte.
Johannisnacht: In der kürzesten Nacht des Jahres werden an Flüssen und am Meer Blumenkränze ins Wasser gelassen, oft sind sie mit Kerzen geschmückt.
Festival der jüdischen Kultur: ★ Inzwischen zur Tradition gewordenen sind die alljährlichen großen Konzerte in *Kazimierz,* dem jüdischen Viertel Krakaus, mit den bekanntesten Klezmer-Gruppen aus der ganzen Welt.
Fischerwallfahrt: Am 29. Juni pilgern Fischer mit ihren Booten von der Halbinsel Hel zu Gottesdienst und Volksfest nach Puck.

Juli

Monat der *klassischen Konzerte:* Die schönsten gibt es in *Warschau, Danzig, Thorn* und *Kamień Pomorski.* Außerdem findet in *Posen* ein *Theaterfestival* statt.

August

Dominikanermarkt: ★ Der in *Danzig* seit dem 12. Jh. abgehaltene Dominikanermarkt wurde wieder zum Leben erweckt: ein großes kulturelles Fest.
Mariä Himmelfahrt: Gläubige aus ganz Polen erreichen am 15. August nach tagelangen Wanderungen die Ikone der Schwarzen Madonna in *Tschenstochau.*

September

Warschauer Herbst: Namhaftes internationales Festival zeitgenössischer Musik in *Warschau.*
Wratislavia Cantans: Künstler und Orchester aus der ganzen Welt kommen zu diesem großen Festival der Kantaten und Oratorien nach *Breslau.*

Oktober

Jazz Jamboree: Polens ältestes und bestes Jazzfestival findet Ende des Monats vier Tage in *Warschau* statt.

November

Insider Tipp *Allerheiligen:* Am 1. November werden die Soldatengräber mit nationalen Symbolen und Kerzen geschmückt – besonders eindrucksvoll ist diese Zeremonie auf dem Powązki-Friedhof in *Warschau.*

Dezember

Weihnachtskrippen: Jedes Jahr wird in Krakau vom 3. bis 10. Dezember die schönste unter den Weihnachtskrippen prämiert.

An Peter und Paul: Fischerwallfahrt

Einsamkeit für Erholung Suchende

Lange Strände, dunkle Wälder und klare Seen: weitgehend intakte Natur im Norden Polens

Polens Nordgrenze bildet die Ostsee – von Świnoujście (Swinemünde) auf der Insel Usedom, die noch zur Hälfte in Deutschland liegt, bis zur Frischen Nehrung, deren nördliche Hälfte bereits zu Russland gehört. Über 524 km zieht sich ein feiner, weißer Sandstrand hin, der flach ins Wasser gleitet und nur manchmal von Steilhängen unterbrochen wird, die mehr als 100 m über den Meeresspiegel ragen. Gleich hinter der Küste beginnen die sanften Moränenhügel aus der letzten Eiszeit, zwischen denen sich von Stettin im Westen bis Suwałki im Osten Tausende von Seen hinziehen.

Die Geschichte dieses Landstreifens ist schwierig und wechselvoll. Die Provinz Posen und große Teile von Westpreußen mit den Städten Bromberg und Thorn fielen bereits 1918 an den polnischen Staat, 1945 folgten Pommern (mit Stettin), der Rest Westpreußens einschließlich Danzig und das südliche Ostpreußen (mit Allenstein). Mit dem Verlust dieser Territorien, so hieß es, bezahle Deutschland für die Verbrechen des NS-Regimes.

Die Wanderdünen im Słowiński-Nationalpark sind bis zu 30 m hoch

Typisches Fischerhaus auf der Frischen Nehrung

Die für dieses Gebiet so charakteristischen Backsteinbauten, die der Deutsche Orden vom 13. bis zum 15. Jh. errichten ließ, wecken bei den Polen oft noch negative Assoziationen. Sie sehen in den Kreuzrittern die Vorfahren der Preußen – jener ungeliebten Nachbarn im Westen, die Polen 1772 teilten und das Land bis 1918 von der Landkarte tilgten.

Gdańsk (Danzig)

[119 F2] Im Sommer 1980 erzwangen streikende Arbeiter auf der Lenin-Werft die Gründung der unabhängigen Gewerkschaft Solidarność. Schon einmal hatte es einen Aufstand gegeben, er war 1970 blutig niedergeschlagen worden. Nun

Die Werftanlagen der ehemaligen Lenin-Werft in Danzig

jedoch, zehn Jahre später, hatte der Streik Erfolg. Es wurde ein Prozess in Gang gesetzt, der mit dem Sturz der kommunistischen Herrschaft endete. Ein 40 m hohes Denkmal erinnert seither an die Opfer des ersten Streiks. Sie finden es – immer blumengeschmückt – vor dem Haupttor der Danziger Werft. Die Anfänge von Solidarność zeigt eine Dauerausstellung auf der Werft *(Di–So 10–17 Uhr, ul. Doki 1)*.

Die Hafen- und Handelsstadt Danzig (490 000 Ew.) ist 1000 Jahre alt. 1309 unterwarfen die Kreuzritter den Ort, doch bereits 1454 schloss er sich als weitgehend freie Stadt Polen an und hielt zu Polen auch während der Schwedenkriege, obwohl seine Bewohner protestantisch waren. Nach der Teilung Polens 1793 gehörte Danzig zu Preußen bzw. dem Deutschen Reich, dann erklärte der Versailler Vertrag es 1920 zu einer Freistadt. Mit den Schüssen auf der Westerplatte begann am 1. September 1939 der Zweite Weltkrieg – die Innenstadt war bei Kriegsende zu 90 Prozent zerstört. Doch die Restauratoren vollbrachten ein Wunder wie in Warschau. 650 Objekte wurden wieder aufgebaut. Und da manch stilfremde Fassade aus dem 19. Jh. zu Gunsten älterer Vorlagen »bereinigt« wurde, erleben Sie heute ein Danzig, wie es der Philosoph Arthur Schopenhauer wohl gekannt hat, der 1788 hier geboren wurde.

SEHENSWERTES

Königsweg

★ Der so genannte Königsweg führt vom *Brama Wyżynna* (Hohes Tor) im Westen über die *ul. Długa* (Langgasse) und den *Długi Targ* (Langer Markt) bis zum Ufer der Mottlau. Am Ende der Langgasse steht linker Hand das *Rathaus,* ein gotischer Backsteinbau aus dem 14. Jh., dessen 82 m hoher

Turm einen schönen Rundblick über Stadt und Bucht bietet.

Der *Lange Markt* mit seinem barocken Neptunbrunnen gehört zu den schönsten Plätzen Danzigs. Im Artushof, gleich hinter dem Brunnen, befindet sich eine spätgotische Halle mit Kreuzrippengewölbe.

Marienkirche
Nördlich vom Rathaus steht die monumentale Marienkirche, mit 105 m Länge eins der größten Gotteshäuser in Europa (1342–1502). Nach den Zerstörungen im Zweiten Weltkrieg blieb das Innere karg: Die zerstörte Orgel wurde erst 1985 in deutsch-polnischer Zusammenarbeit wieder aufgebaut.

Motława (Mottlau)
Am Kai des einstigen Danziger Flusshafens kommen Sie vom *Brama Zielona* (Grünes Tor), zum *Brama Mariacka* (Frauentor) und anschließend zum *Stary Zuraw* (Krantor), einem Holzbau aus dem 15. Jh., dem Wahrzeichen der Stadt. Die *Baszta Łabędź* (Schwanenbastei) bildet die Nordostecke der Wehranlagen der »Rechtstadt«, wie sich das Stadtzentrum im Unterschied zu der nordwestlich davon gelegenen Altstadt nennt.

ul. Mariacka (Frauengasse)
In der ul. Mariacka stehen die für Danzig typischen Häuser mit »Beischlägen«: den Haustüren vorgelagerte, erhöhte Terrassen, zu denen steinerne Freitreppen führen. Aus Angst vor Hochwasser lagen die Eingänge 1–3 m über der Straße.

RUNDFAHRT

Eine schöne Hafenrundfahrt führt zu jeder vollen Stunde von der

MARCO POLO Highlights »Ostseeküste und Masuren«

★ **Wolfsschanze (Wilczy Szaniec)**
Die gesprengten Betonmauern von Hitlers Hauptquartier formen eine grausig-groteske Landschaft (Seite 38)

★ **Słowiński-Nationalpark**
Wandernde Sanddünen: seit 1977 Biosphärenreservat der Unesco (Seite 33)

★ **Malbork (Marienburg)**
Backsteingotik in Vollendung: der einstige Sitz des Deutschen Ordens (Seite 38)

★ **Frombork (Frauenburg)**
Wunderschöner Blick vom Kopernikus-Turm über die Moränenlandschaft und das Frische Haff (Seite 37)

★ **Königsweg**
Nach den Zerstörungen des Kriegs wurde eine ganze Häuserzeile getreu dem Danziger Stadtbild von 1750 wieder aufgebaut (Seite 28)

★ **Masurische Seen**
In der »grünen Lunge« Polens liegen unzählige klare Seen (Seite 35)

Backsteingotik: die Marienkirche

Zielona Brama (Grünes Tor) durch die Tote Weichsel bis zur *Westerplatte:* Hier verteidigten sich 182 polnische Soldaten bei Ausbruch des Zweiten Weltkriegs eine Woche lang erbittert gegen die Übermacht der Deutschen. *Tel. 058/301 49 26*

MUSEEN

Centralne Muzeum Morskie
Imposante Sammlung von Booten, Wrackteilen, Fischereiutensilien und Landkarten im Meeresmuseum. *Tgl. 10–18 Uhr, ul. Ołowianka 9–13, www.cmm.pl*

Muzeum Narodowy
Das Nationalmuseum zeigt gotische Malerei und Bildhauerei, Danziger Maler des 16.–19. Jhs., Hans Memlings »Das letzte Gericht«. *Di–Fr 9–16, Sa, So 10–17 Uhr, ul. Toruńska 1, www.muzeum.narodowe.gd.pl*

ESSEN & TRINKEN

Kubicki
Seit 1918 einfache Kost zu niedrigen Preisen bei Klaviermusik. *Tgl., ul. Wartka 5, Tel. 058/301 00 50,* €

Pod Łososiem
Ambrozy Vermollen machte 1598 eine Gastwirtschaft und Likörfabrik auf, deren berühmtes Produkt das »Danziger Goldwasser« war. 1976 wurde das Lokal neu eröffnet. Spezialität: Lachs. *Tgl., ul. Szeroka 54, Tel. 058/301 76 52,* €€

Pod Wieża
Altpolnische Küche in fünf Sälen. Spezialität des Hauses sind Fischgerichte. *Tgl., ul. Piwna 51/52, Tel. 058/301 39 24,* €

Tawerna
Exklusives Fischrestaurant. Publikum aus der Welt der Politik, der Medien und der Kunst. Sommerterrasse. *Tgl., ul. Powrożanicza 19/29, Tel. 058/301 41 14,* €€–€€€

EINKAUFEN

Danzig ist berühmt für seinen Bernsteinschmuck. Eine Riesenauswahl finden Sie in den entsprechenden Geschäften in den Gassen parallel zum *Langen Markt.*

ÜBERNACHTEN

Im Juli, wenn das *Liederfestival* stattfindet, und in der ersten Augusthälfte während des *Dominikaner-Jahrmarkts* sollten Sie Ihre Hotelzimmer unbedingt vorbestellen.

Bartan
Schönes, modernes Hotel, liegt allerdings etwas außerhalb des Zentrums. Gute Küche. *30 Zi., ul. Turystyczna 9a, Tel. 058/308 09 99, Fax 308 09 43, www.bartan.pl,* €–€€

Dwór Oliwski
Schöne neue Hotelanlage in alten Gemäuern im Stadtteil Oliwie. *40 Zi., ul. Bytowska 4, Tel. 058/554 70 00, Fax 54 70 10, www.dwor-oliwski.com.pl,* €€–€€€

Hanza
Luxuriöses Hotel in pittoresker Umgebung mit Blick auf die Mottlau. *60 Zi., ul. Tokarska 6, Tel. 058/305 34 27, Fax 305 33 86, www.hanza-hotel.com.pl,* €€–€€€

Novotel
In Altstadtnähe, ca. 3 km vom Hauptbahnhof entfernt. *154 Zi., ul. Pszenna 1, Tel. 058/300 27 50, Fax 300 29 50, www.orbis.pl,* €€

AM ABEND

Am Kai liegt das Schiff »Marta«, auf dem der *Yellow Jazz Club* untergebracht ist. Konzerte im *Pub Irish (ul. Korzenna 33/35)* und im *Club Żak*, dem wichtigsten Treff für Kulturelles mit Anspruch, benannt nach dem legendären Studentenclub der 50er-Jahre, in neuem Gebäude mit Kino, Galerie, Café, Konzert- und Theatersaal *(ul. Grunwaldzka 195/197, www.klubzak.com.pl).*

Tanzen kann man in der Disko *Kaponiera (Fr, Sa, ul. 3 maja 9a)* oder etwas feiner im *Srebny Młyn (tgl., ul. Słowackiego 78)*, im *Romantyka (Di–So, ul. Startowa 31)* und im *Restaurant Major (Fr, Sa, ul. Długa 18).* Oft locken abends auch Festivals, Konzerte und Feuerwerke.

Goldgelber Traditionsschmuck

Danzig ist Zentrum der Bernsteinverarbeitung

Schon seit Jahrhunderten wird der Bernstein als Schmuck geschätzt. Sein Name kommt vom niederdeutschen »bernen« für brennen – da der »Stein« bereits bei der relativ niedrigen Temperatur von 350 Grad Celsius in Flammen aufgeht. Bernstein ist eine organische Substanz, Harz von Nadelhölzern der Tertiärzeit, das sich in Jahrmillionen verfestigte. Einschlüsse von Insekten oder Pflanzen machen den besonderen Reiz dieses gelb und braun leuchtenden durchsichtigen Materials aus. Hauptfundorte sind die Küsten Ost- und Westpreußens. An der Samlandküste (zwischen dem Frischen und Kurischen Haff) wird er aus dem Meer gefischt – daher der Beiname Bernsteinküste –, außerdem gewinnt man ihn mit Großbaggern im Tagebau. Sind die Stücke von der Verwitterungskruste befreit, strahlen sie wie Glas. Außer für Schmuck wird Bernstein auch zur Herstellung von Zigarettenspitzen und von Figuren und Gefäßen verwandt.

Abend auf der Frischen Nehrung

AUSKUNFT

Touristeninformation
ul. Heweliusza, Tel. 058/301 43 55, Fax 301 66 37, www.gdansk.pl

ZIELE IN DER UMGEBUNG

Frische Nehrung **[120 B1–2]**
Der schmale Landstreifen, auf Polnisch *Mierzeja Wiślana* genannt, trennt das Frische Haff von der Ostsee. Schon vor dem Zweiten Weltkrieg waren die langen Sandstrände ein beliebtes Ausflugsziel von Danzigern und Elbingern – das Ostseebad Kahlberg beherbergte sogar Kaiser Wilhelm II. Von *Krynica Morska* aus setzt die »Weiße Flotte« regelmäßig nach *Frombork* über.

Am Eingang der Nehrung liegt *Stutthof*, das ehemalige Konzentrationslager, in dem insgesamt 110 000 Häftlinge aus 23 Ländern interniert waren. *ul. Muzealna 6, Mai–Sept. tgl. 8–18 Uhr*

Zum Übernachten eignet sich das *Hotel Kahlberg* in *Krynica Morska, 16 Zi., ul. Bosmańska 1, Tel. 055/247 60 17, www.kahlberg.mierzeja.pl,* €

Halbinsel Hel **[120 A1]**
Vom ✶ Leuchtturm am nahe gelegenen *Rozewie-Kap* hat man einen wunderschönen Rundblick über das Meer und die mit Mischwäldern bewachsene Steilküste. Zum Städtchen *Hel* an der Südspitze gelangen Sie mit der Fähre (von Władysławo, Gdingen, Zoppot oder Danzig), mit der Bahn und mit dem Auto über Jurata. Der alte Hafen mit seinen Häusern aus dem 18. Jh. zeugt von der Vergangenheit Hels als kaschubischer Fischerstadt.

Eine empfehlenswerte Übernachtungsmöglichkeit mit Hallenbad und Tennisplatz gibt es im *Hotel Bryza, 64 Zi., Jurata, ul. Swiętopełka 1, Tel. 058/675 51 00, Fax 675 54 80, www.bryza.pl,* €€.

Kaliningrad (Königsberg) **[120 C1]**
Verschiedene Unternehmen bieten Tagestouren in die russische Exklave nach Königsberg an. Wer sich kurzfristig entschließt, kann ohne Visum zumindest für einen Tag von Polen nach Russland fahren: mit dem Tragflächenboot vom 15. Mai bis 15. September. *Reisebüro Podroży, ul. Piwna 22/23, Gdansk, Tel./Fax 058/301 16 19*

Kaschubische Schweiz **[119 E2–3]**
Im südwestlichen Hinterland von Danzig leben heute noch etwa

200 000 Kaschuben, Angehörige eines slawischen Stamms, der der Germanisierung und Polonisierung trotzte und bis heute eigene Traditionen und eine eigene Sprache bewahrte. Im *Skansen,* dem Freilichtmuseum von *Wdzydze Kiszewskie (Sanddorf),* 15 km südlich von Kościerzyna, sind die typischen kaschubischen Hausformen zu besichtigen. Nur wenige Kilometer südlich befindet sich das kleine Dorf *Wiele* mit seinem *Stickereizentrum.*

Der berühmteste Kaschube der Gegenwart, der, wie er selbst sagt, leider seine Sprache »vergessen« hat, ist der Literaturnobelpreisträger Günter Grass.

Übernachtungen im *Kaschubischen Zentrum für europäische Begegnungen, 21 Zi., Krokowa, ul. Zamkowa 1, Tel. 058/774 21 11, Fax 774 21 10, €.*

Słowiński-Nationalpark **[119 D–E1]**

★ Der Nationalpark, ca. 115 km nordwestlich von Danzig, umfasst mehr als 180 km². Seine Attraktion sind weiße, bis zu 30 m hohe Wanderdünen, die sich im Jahr um etwa 10 m verlagern. Zwischen Anfang Mai und Ende September kann man vom Aussichtsturm in *Smołdzino* den ganzen Park überblicken und in *Kluki* das *Freilichtmuseum* besuchen *(tgl. 9–18 Uhr).*

Für die Übernachtung empfehlen sich das *Hotel Neptun* in einer Ritterburg in *Łeba* am Strand *(30 Zi., ul. Sosnowa 1, Tel./Fax 059/866 23 57, hotelneptun@bicom.pl, €€€)* oder das moderne *Erholungszentrum Kormoran* im Fischerdorf *Rowy (ul. Koscielna 14, Tel. 059/814 19 41, Fax 814 19 53, beakorm@poczta.onet.pl, €€).*

Sopot (Zoppot) **[119 F2]**

Voller Leben ist die *ul. Bohaterów Monte Cassino,* die einst so mondäne Promenade des traditionsreichen Kurorts, viel stiller die Mole, die 516 m weit ins Meer reicht und *tgl. 8–22 Uhr* geöffnet ist. Im Süden liegt ein breiter Sandstrand, im Norden mit Kasino und Nachtbar das Grand-Hotel. Noch exklusiver ist das *Hotel Rezydent (ul. Plac Konstytucji 3 maja, Tel. 058/555 58 00, Fax 555 58 01, www.hotelrezydent.pl, €€€).* Mit Möbeln wie aus Großmutters Wohnzimmer verbreitet das Lokal *Błękitny Pudeł* eine ganz eigene, intime Atmosphäre, in der Sie sich wie zu Hause fühlen können *(tgl., ul. Bohaterów Monte Cassino 44, Tel. 058/551 16 72, €).*

Insider Tipp

MASUREN UND ERMLAND

[120–121 B–D 2–3] Die alte preußische Provinz Ostpreußen wurde bei Kriegsende geteilt: Der nördliche Teil fiel – mit Königsberg – an die Sowjetunion, der Rest an Polen. Er bestand aus zwei historischen Landschaften: *Masuren* meinte das südliche Ostpreußen mit *Sensburg (Mrągowo)* und *Lötzen (Giżycko),* in dem die Bewohner neben deutsch oft auch einen polnischen Dialekt sprachen, aber protestantisch waren. Das *Ermland (Warmia)* hingegen umfasste das weiter westlich gelegene Ostpreußen mit dem Zentrum *Allenstein (Olsztyn),* in dem die Bewohner katholisch waren. In Polen haben sich die Bezeichnungen »Ermland« und »Masuren« bis heute gehalten.

Fünf solcher »Rutschen« über Land besitzt der Oberländische Kanal

SEHENSWERTES

Insider Tipp

Biebrzanski-Nationalpark **[121 E3–4]**

Entlang des urwüchsigen Biebrza-Flussbetts erstreckt sich 120 km lang die größte Sumpflandschaft Europas mit teilweise sehr seltenen Säugetier- und Vogelarten: vom Elch bis zum Wolf, von der Rohrammer bis zum Schwarzstorch. Allein etwa 60 Prozent der europäischen Brutvogelarten finden sich auch hier. Geeignet zum Wandern und für Kanutouren (das Mittel gegen Mücken nicht vergessen!).

Dörfer religiöser Minderheiten

In den Dörfern *Bohoniki* und *Kruszіany* **[121 F4]**, etwa 40 km nordöstlich von Białystok, zeugen hölzerne Moscheen und ein Regionalmuseum von islamischen Tataren, die hier seit dem 17.Jh. leben. In *Tykocin* **[121 E4]**, 20 km nordwestlich von Białystok, erinnert eine imposante, restaurierte Synagoge an die einst starke jüdische Gemeine. Und der heilige Berg *Grabarka* **[121 E5]**, das wichtigste Heiligtum der Griechisch-Orthodoxen 9 km östlich von Siemiatycze, überwältigt mit Hunderten von Kreuzen.

Insider Tipp

Geburtshaus von Ernst Wiechert **[120 C3]**

Abgeschieden im Wald liegt das Geburtshaus von Ernst Wiechert. Eine Frau gewährt auf Anfrage Einlass in ein mit Möbeln und Bildern des Schriftstellers ausgestattetes kleines Museum. *Piersławek bei Piecki*

Insider Tipp

Oberländischer Kanal **[120 B2–3]**

Der *Kanał Elbląski* ist ein Wunder der Technik des 19. Jhs.: eine Wasserstraße, auf der man mit dem Schiff über Gras schwimmen kann. Während der etwa zehnstündigen Fahrt von *Ostróda* nach *Elbląg* bewältigt das Schiff einen Höhenunterschied von 99,5 m auf Gleitkarren – eine einmalige Technik in Europa. *Abfahrt in Ostróda oder Elbląg jeweils um 8 Uhr, 23–70 Zł. (je nach Länge der Fahrt), Auskunft unter Tel. 055/232 43 07*

Schwänereservat **[121 D3]**

Insider Tipp

Im Reservat am *Lucknainer See*, 5 km östlich von Mikołajki, befindet sich die größte Kolonie von Höckerschwänen in Polen. Bis zu 100 weitere Vogelarten (von Zwergtaucher bis Bartmeise) können Sie von einem Aussichtsturm am Südufer in völliger Stille beobachten.

ÜBERNACHTEN

Rund um die Masurischen Seen finden Sie ein großes Angebot an Ferienhäusern, Hotels, Pensionen und Zimmern. Viele Vermieter sprechen deutsch. Einen guten Überblick über Ferienhäuser, Pensionen und Hotels bietet *www.masuren-online.de,* ferner das *Reisebüro Traveland, Olsztyn, ul. Dworcowa 48a, Mo–Fr 9–17, Sa 10–14 Uhr, Tel. 089/539 01 01, Fax 539 11 33, www.traveland.com.pl.*

Gajewo [121 D2]
Angenehmes Familienunternehmen mit Reiterhof, ruhig gelegen am Ortsrand von *Giżycko.* Hausmannskost. *45 Zi., ul. Suwąlska 5, Tel. 087/429 27 67, Fax 428 58 46, www.republika.pl/gajewo, €*

Herrenhaus Sople [120 B3]
In der Nähe von Małdyty liegt dieses romantische Haus im Park mit ruhiger, familiärer Atmosphäre und guter Küche. *23 Zi., Dworek Sople, Sople 11, Tel. 089/758 60 92, Fax 758 68 36, €*

Hotel im Park [120 C3]
Albrecht von Klitzing hat ein altes Gutshaus direkt am See geschmackvoll restauriert. *18 Zi. u. 6 Hütten, Sorkwity, Jądrychowo 15, Tel./Fax 089/742 81 87, www.masuren-hotel.de, €*

Villa Mamry [121 D2]
Die sehr idyllisch gelegene und schöne Pension an einem Teil des Mauersees wird von Deutschen geführt. *10 Zi., Buchungen über Beata und Jürgen Wargalla, Tel. (in Deutschland) 08136/89 30 19, Fax 89 30 22, www.mamry.de, €*

FREIZEIT & SPORT

Masurische Seen
★ Die »grüne Lunge« Polens ist ein Paradies für Wanderer – auf rund 1500 km² finden sich 3000 größere und ungezählte kleine Seen. Sie bieten sich an zum Segeln, Angeln und Paddeln. Besonders schön sind der *Jezioro Śniardwy (Spirdingsee)* und der *Jezioro Niskie (Niedersee),* auf dem Motorboote untersagt sind. Einen guten

Der Spirdingsee ist nur eins von vielen Wassersportrevieren

Überblick können Sie sich bei *www.masuren-online.de* verschaffen. Ausführliche Informationen finden Sie zudem im MARCO POLO Band »Masurische Seen«.

Masurisches Eden **[121 D3]**
Der ehemalige Psychologe Cezary Kubicki hat zwar auch ein Hotel mit Konferenzräumen, aber er organisiert daneben Veranstaltungen mit rituellen Tänzen und Schamanenpraktiken. *Hotel Galindia, Iznota b. Mikołajki, Ukta, Tel./Fax 087/ 423 14 16, www.galindia.com.pl*

Paddeltouren
Leider im Sommer schon überlaufen: die beliebteste Paddeltour auf der *Krutynia (Krutinna)* **[120 C3]**. Die ganze Strecke *(110 km von Sorkwity am Lampackie-See bis zum Bełdany-See)* dauert je nach Wetterlage 6–10 Tage. Im Ort *Krutyń* können Sie sich aber auch Boote für einen Tag leihen.

»AS-Tour« organisiert Fahrten von einigen Stunden, aber auch mehreren Tagen: auf der *Krutynia*, durch das *Biebrza-Gebiet* und auf dem *Schwarzen-Hańcza-Fluss* in der Gegend von Suwałki **[121 E2]** *(AS-Tour, Krutyn, Tel. 089/ 742 14 30 u. 061/65 06 69, www.as-tour.de)*.

Auskunft und Bootsbestellung über PTTK in Sorkwity (Sorquitten), Tel. 089/742 81 24, Fax 742 81 25, oder bei PTTK in Olsztyn (Allenstein), Tel. 089/527 40 59, Fax 527 34 42

AUSKUNFT

Touristeninformation
Giżycko (Lötzen), ul. Warszawska 7, Tel. 087/428 52 65 u. 428 57 60

OLSZTYN (ALLENSTEIN)

[120 C3] Das Stadtzentrum ist nicht zu verfehlen: Hoch über dem Fluss Łyna (Alle) erhebt sich die mächtige *Ordensburg* mit ihrem Rundturm. Allenstein, die Hauptstadt von Masuren und dem Ermland, wurde 1348 erstmals urkundlich erwähnt und ist einer der wenigen Orte im alten Ostpreußen, dessen Einwohnerzahl sich gegenüber 1945 auf 170 000 erhöht hat. Zahlreiche Industrien wurden seit Kriegsende neu angesiedelt. Die *Altstadt* und das gotische *Hohe Tor (Wysoka Brama)* der Stadtmauer blieben trotz Kriegszerstörungen erhalten. Erstere ist in den letzten Jahren sorgfältig renoviert worden.

SEHENSWERTES

Altstadt
Den mittelalterlichen Marktplatz umfassen rekonstruierte *barocke Laubenhäuser* und das alte *Rathaus* aus der ersten Hälfte des 17. Jhs. Einen Straßenzug entfernt steht in der *ul. Staszica* die *St.-Jakobi-Hallenkirche* aus dem 14. Jh., die heute die Kathedrale des Bistums ist.

Ordensburg
Die mehrflügelige gotische Anlage wurde zwischen 1350 und 1580 erbaut. Von hier verteidigte der Astronom Nikolaus Kopernikus als Kanoniker des ermländischen Domkapitels 1521 die Stadt gegen ein Söldnerheer des Großmeisters der Ordensritter. Eine Ausstellung erinnert an ihn. *ul. Zamkowa 2, Di–So 9–16 Uhr*

Blick vom Glockenturm auf Frauenburgs Kathedrale und die Ostsee

MUSEUM

Insider Tipp

Dom Gazety Olsztyńskiej
Im *Haus der Allensteiner Zeitung* befindet sich eine höchst interessante Ausstellung über die deutsch-polnische Stadtgeschichte – bis hin zur Neuzeit. *Targ Rybny 1, Di–So 9–16 Uhr*

ESSEN & TRINKEN

Corner Café
Phantasievolle Variationen traditioneller Küche in südländischem Ambiente. Bestes Lokal im Ort. *Tgl., ul. Dąbroszczaków 8/9, Tel. 089/527 57 26,* €– €€

Nowoczesna
Regionale polnische Gerichte im *Hotel Warmiński, ul. Kołobrzeska 1, Tel. 089/522 15 16,* €–€€

ÜBERNACHTEN

Centrum für deutsch-polnische Jugend
Modernes, für Begegnungen geschaffenes Hotel, auch für Individualtouristen. *20 Zi., ul. Okopowa 25, Tel. 089/527 69 33, www.pncm.olsztyn.pl,* €€

Hotel Park
An der Ausfahrt nach Warschau. Modernes Hotel (2 km vom Zentrum) mit freundlicher Atmosphäre. *100 Zi., ul. Warszawska 119, Tel. 089/524 06 04, Fax 524 00 77, hpolsztyn@bebh.pl,* €

Villa Pallas
Neu renoviertes Hotel in alter Residenz im Stadtzentrum. *32 Zi., ul. Zołnierska 4, Tel. 089/524 06 04, www.villapallas.pl,* €–€€

AUSKUNFT

Touristeninformation
ul. Staromiejska 1, Tel. 089/535 35 66

ZIELE IN DER UMGEBUNG

Frombork (Frauenburg) **[120 B2]**
★ In Frombork, am Frischen Haff, hatte der Astronom Nikolaus Kopernikus sein längstes Domizil (1512–43). Die *Kathedrale* zählt zu den bedeutendsten Bauten der Backsteingotik. In der Anlage steht der Turm, in dem Kopernikus angeblich sein Hauptwerk verfasste: Er wies darin nach, dass die Gestirne sich nicht um die Erde, son-

dern um die Sonne drehen. Von der Aussichtsplattform herrlicher Blick auf die Moränenlandschaft, das Frische Haff und die Frische Nehrung. Interessante Exponate im *Kopernikus-Museum, ul. Katedralna 8, tgl. 9–16 Uhr.* Übernachtung im *Hotel Kopernik, 32 Zi., ul. Kościelna 2, Tel. 055/243 72 85, €*

Malbork (Marienburg) **[120 A2]**

★ Die Marienburg im gleichnamigen Ort zählt zu den gewaltigsten und schönsten Profanbauten des Mittelalters. Seit 1309 war sie die Residenz der Hochmeister des Deutschen Ordens. Diese Burg strahlte eine solche Macht und Kraft aus, dass ein Sieg über die Kreuzritter unvorstellbar schien. Und doch musste der Hochmeister die Burg nach der Niederlage in der Schlacht von Tannenberg an seine unbezahlten Söldner verpfänden, die sie 1457 den Polen übergaben. Sehenswert ist die Bernsteinsammlung. *Mitte Sept.–Mitte Mai tgl. 9–15 Uhr, Mitte Mai–Mitte Sept. tgl. 9–17 Uhr.* Übernachten können Sie in dem netten, kleinen *Hotel Zamek, 41 Zi., ul. Starościńska 14, Tel. 055/272 84 00, €€.*

Morąg (Mohrungen) **[120 B3]**

Im Geburtsort des Dichters Johann Gottfried Herder wurde das Renaissanceschloss der ostpreußischen Adelsfamilie von Dohna restauriert. Nun beherbergt es eine zweisprachige Herder-Ausstellung und eine Gemäldesammlung aus ostpreußischem Adelsbesitz. *Di–So 9–17 Uhr*

Święta Lipka (Heilige Linde) **[120 C3]**

Die barocke Wallfahrtskirche mit Jesuitenkloster aus dem 17. Jh., ein berühmter Wallfahrtsort, wirkt inmitten der Landschaft ungewohnt heiter und leicht. Im Innern zeigt die »Perle des Barock« Fresken, Altäre von Königsberger Künstlern und eine Orgel mit beweglichen Figuren. In der Saison können Sie von 9.30 bis 17.30 Uhr jede Stunde kostenlos ein kleines Orgelkonzert hören. Insider Tipp

Wolfsschanze (Wilczy Szaniec) **[121 D2]**

★ 8 km entfernt von Kętrzyn (Rastenburg) liegt das kleine Dorf *Gierłoz (Görlitz):* Hier hatte sich Adolf Hitler schon 1940 sein Hauptquartier bauen lassen. Zu dem Komplex gehören insgesamt 80 Bunker, Kasinos, Hotels und auch die so genannte Lagerbaracke, in der Graf Stauffenberg am 20. Juli 1944 das missglückte Attentat auf den Führer unternahm. Heute bilden die Trümmer der gesprengten, bis zu 6 m dicken Bunkerwände eine grausig-groteske Felslandschaft. *Tgl. 9–20 Uhr, Führer durch die Anlage bestellen unter Tel. 089/751 29 78*

Szczecin (Stettin)

[118 B4] Stettin (425 000 Ew.) ist Polens wichtigster Hafen. Die Stettiner Schiffswerft AG gehört zu den führenden Betrieben der Welt. Jährlich laufen bis zu 24 Frachter vom Stapel. Das alte Hafenviertel fiel zwar dem Zweiten Weltkrieg zum Opfer, aber zahlreiche wieder aufgebaute Sehenswürdigkeiten lassen die Größe vergangener Zeit noch erahnen. Nach dem Beitritt zur Hanse 1272 hatte sich Stettin zur Metropole Westpommerns entwickelt.

Das polnische Szczecin gewinnt seit 1989 mehr und mehr an Flair. Die Altstadt wird auf den alten Grundmauern wieder aufgebaut. Mit seinen Biergärten, Boutiquen, Jugendstil- und Gründerzeithäusern ist das *Pariser Viertel (vom pl. Lotników bis zum pl. Przymierzonych)* heute der lebendigste Teil der Stadt. Und mit dem *Galaxy (pl. Rodła)* hat Stettin seit 2003 das größte Einkaufs- und Vergnügungszentrum des polnischen Nordens mit Läden, Disko, Bowling und Kinos.

Stettiner Gründerzeitfassaden

SEHENSWERTES

Jakobi-Kirche

Der schwere, gotische Hallenbau aus dem 14. und 15. Jh. wurde erst in den 70er-Jahren wieder aufgebaut. 1827 präsentierte Felix Mendelssohn Bartholdy hier seinen »Hochzeitsmarsch«.

Stettiner Schloss (Zamek Książąt Pomorskich)

Die stattliche Anlage der pommerschen Herzöge, das Wahrzeichen der Stadt, geht auf eine Burg aus dem Jahr 1346 zurück. Die Fassaden im Stil der italienischen Renaissance wurden nach dem Krieg originalgetreu wieder hergestellt, die Innenräume modernisiert: Hier ist heute das Kulturzentrum der Region. Im Sommer ist der Schlossturm geöffnet (200 Stufen!). *April–Sept. tgl. 10–18 Uhr*

Wały Chrobrego (Hakenterrasse)

Von der repräsentativen Hakenterrasse – im Deutschen so benannt nach dem Oberbürgermeister, in dessen Amtszeit die Anlage entstand – haben Sie einen schönen Blick auf Oder und Hafen. Die prunkvollen Amtsgebäude am oberen Ende im Stil der wilhelminischen Zeit beherbergen heute die Wojewodschaftsverwaltung, das Schifffahrtsmuseum, ein Theater und die Seefahrtshochschule.

MUSEEN

Muzeum Miasta Szczecina

Die Stadtgeschichte Stettins seit dem 10. Jh. wird hier aufbereitet mit dem Schwerpunkt auf der Geschichte seit 1945. *ul. Mściwoja, Di, Do 10–17, Mi, Fr 9–15.30, Sa, So 10–16 Uhr*

Muzeum Morskie

Im Untergeschoss des Schifffahrtsmuseums gibt es einen interessanten Überblick über die Frühgeschichte der Odermündung. Die große ethnologische Sammlung stammt aus der Nachkriegszeit. *Wały Chrobrego 3, Di, Do 10–17, Mi, Fr 9–15.30, Sa, So 10–16 Uhr*

Muzeum Narodowe
Das Nationalmuseum zeigt Kunst und Handwerk aus Pommern vom 13. bis zum 17. Jh., polnische Malerei vom 17. bis zum 20. Jh. *ul. Staromłyńska 27, Di, Do–So 10–16, Mi 9–15 Uhr*

ESSEN & TRINKEN

Bombay
Hervorragende indische Küche in stilvoller Atmosphäre. Mehrfach ausgezeichnet. *Tgl., ul. Partyzantów 1, Tel. 091/488 49 32,* **€€**

New York Pizza
Die beste und größte Pizza in der Stadt gibt es hier. *Tgl., al. Piastów 75, Tel. 091/ 433 41 69,* **€**

Vivaldi
Große Auswahl italienischer Gerichte, nette Bedienung. *Tgl., ul. Ks. Bogusława, Tel. 091/489 38 84,* **€– €€**

ÜBERNACHTEN

Hotel Campanile
Modern ausgestattet, zentral gelegen, gutes Preis-Leistungs-Verhältnis. *85 Zi, ul. Wyszyńskiego 30, Tel. 091/481 77 00, Fax 481 77 01,* **€–€€**

Novotel
Neues großes Hotel mitten in der Stadt, *117 Zi., ul. 3go maja 31, Tel. 091/480 14 00, Fax 480 14 44, www.novotel.com,* **€€€**

Park
Kleines, beliebtes Hotel im Zeromski-Park an der Oder. Gutes Restaurant. *9 Zi., ul. Plantowa 1, Tel. 091/ 488 15 24, Fax 434 45 03,* **€**

Radisson SAS
Moderner (und bester) Hotelkomplex im Stadtzentrum; gute Küche. *370 Zi., pl. Rodła 10, Tel. 091/ 359 55 95, Fax 359 45 94, www.radisson.com/pl,* **€€€**

AM ABEND

Zur Einstimmung ein Besuch im *Café 22* im 22. Stockwerk des Radisson-Hotels mit dem gesamten Stadtpanorama *(tgl., pl. Rodła)* oder zum Drink in dem von Las Vegas inspirierten *Harlington-Dawidson Café (tgl., ul. Jedności Narodowej 43).* Danach zur *ul. Bogusława*, einer Fußgängerzone im alten Gründerzeitviertel mit Pubs, Kneipen und Restaurants wie dem beliebten *Club Mezzoforte (Nr. 8).*

Der *Baila Club (pl. Rodła 8)* fungiert *So–Mi (18–2 Uhr)* als Pub und *Do–So (18–4 Uhr)* als Disko mit karibischer Kulisse. Die Jugend trifft sich in der Disko *Kontrasty (tgl. 12–3 Uhr, ul. Wawrzyniaka 7a).*

AUSKUNFT

Informationszentrum für Touristik
Karten, Infos, Pläne. *Niepodlegtosci 1, Tel. 091/434 04 40, Fax 433 84 20, www.szn.pl*

Informationspunkt
Touristisch-kulturelle Auskunft im Schloss. *ul. Korsarzy 34, Tel. 091/489 16 30*

ZIELE IN DER UMGEBUNG

Kołobrzeg (Kolberg) **[118 C2]**
Kołobrzeg (40 000 Ew.) mit seinem langen, breiten Sandstrand, den vielen Sanatorien und 1,5 Mio. Besu-

Typisch für moderne polnische Kunst ist diese Brunnenskulptur in Kolberg

chern jährlich ist einer der bedeutendsten Kur- und Badeorte an der pommerschen Küste. Sehenswert ist der fünfschiffige *Mariendom* aus dem 13. bis 15. Jh. mit der Schlieffenkrone, einem nach dem Stifter benannten holzgeschnitzten Kronleuchter mit der Madonna im Strahlenkreuz. Der Entwurf für das neugotische *Rathaus* der Stadt stammt von Karl Friedrich Schinkel.

Übernachten kann man im *Hotel Solny (150 Zi., 10 Apt., ul. Fredry, Tel. 094/345 57 00, €€)*, in der schön gelegenen *Pension Relax (15 Zi., ul. Kosiuszko 24, Tel. 094/354 78 47, Fax 352 77 35, €–€€)*, oder im Vorort *Budzistowo* im alten *Herrenhaus Palac Budzistowo (11 Apt., ul. Pałacowa 19, Tel. 094/354 72 12, Fax 354 66 45, www.maxmedia.pl/palacbudzistowo, €€)*.

Świnoujście (Swinemünde) [118 B3]

Świnoujście ist zweigeteilt: Das Kur- und Badeleben spielt sich auf der Insel *Usedom* ab, auf der gegenüberliegenden Insel *Wollin* hingegen ist der Industrieteil entstanden. Der Ort ist beliebt wegen seines milden Reizklimas, wegen seiner Solquellen und Moorvorkommen. Auskunft erteilt die *Touristeninformation, pl. Słowiański 15, Tel. 091/322 49 99*. In der Saison gibt es regelmäßige Fährfahrten der *Unity-Line (Tel. 091/359 55 92)* und von *Polferries (Tel. 094/355 21 16)* nach Skandinavien (Ystad, Kopenhagen und Rönne).

Wolliner Nationalpark [118 B3]

Hier kann man seltene Tiere beobachten und hat vom 95 m hohen Steilufer einen traumhaften Blick auf die Ostsee. Übernachten können Sie in einem der vielen Hotels, wie zum Beispiel im *Amber Baltic Hotel* in *Międzyzdroje*; es liegt direkt am Meer, mit einem großen Golfplatz *(160 Zi., Tel. 0391/213 30, Fax 213 27, www.hotel-amber-baltic.pl, €€€)*.

Die Wiege der polnischen Staaten

Auf den Spuren von sagenumwobener und dokumentierter Geschichtsschreibung

Einst wanderten drei Brüder, Lech, der Pole, Czech, der Böhme, und Rus, der Russe, und hielten Ausschau nach einem Land, in dem sie sich niederlassen könnten. Czech wandte sich nach Süden, Rus nach Osten. Lech hingegen wanderte mit seiner Gefolgschaft durch tiefe Urwälder, umging Seen und watete durch Flüsse, bis er zu einer Waldlichtung gelangte, auf der ein Adler seinen Horst gebaut hatte. Wenn der mächtige Vogel im Sonnenschein kreiste, sahen seine Flügel ganz weiß aus. »Hier«, beschloss Lech, »wo die Adler ihren Sitz haben, werde ich mich niederlassen. Und zur Erinnerung an diesen Tag wird mein Geschlecht einen weißen Adler im Wappen führen.«

So entstand der Sage nach Gniezno (Gnesen), auf Polnisch *gniazdo,* das Nest. Es war dies die erste polnische Hauptstadt, und bis heute führt Polen den weißen Adler im Staatswappen. Die spätere Geschichtsschreibung bestätigt Gnesens Rolle: Hier ließ sich der erste polnische Herrscher, Bolesław der Tapfere, im Jahr 1025 krönen, und bereits im Jahr 1000 hatte Kaiser

Blick auf restaurierte Fassaden in der Altstadt von Posen

Löwenköpfe zieren die prachtvolle Bronzetür von Gnesens Kathedrale

Otto III. in Gnesen das erste polnische Erzbistum gegründet. Die Kirchenordnung erinnert noch immer an diese Anfänge weltlicher und geistlicher Macht. Denn der Erzbischof von Gnesen und Warschau ist zugleich Primas von Polen und damit der geschichtlichen Überlieferung gemäß der Interrex in königslosen Zeiten.

Für die historischen Kerngebiete um Gnesen hat sich die Bezeichnung Wielkopolska (Großpolen) herausgebildet. Die Menschen leben bis heute vor allem von der Landwirtschaft, dem Handwerk und vom Handel – die Posener Messe, seit 1925 mit internationaler Beteiligung, blieb selbst unter kommunistischer Herrschaft neben Leipzig einer der wichtigen Ost-West-Umschlagplätze.

Die barocke Pfarrkirche ist Teil des Jesuitenkollegs in Posen

In der Region Wielkopolska gibt es zahlreiche Paläste, Herrenhöfe und Schlösser. Eine Fahrt durch die nacheiszeitlich geprägte Landschaft führt vorbei an sanften Anhöhen, Wäldern, Seen und an endlosen Feldern, über denen der scharfe Blütenduft von Raps oder der stumpfe Geruch reifen Korns hängt.

Poznań (Posen)

[119 D5] Einstmals stand Posen (580 000 Ew.) im Schatten von Gnesen. Aber nach der Vereinigung Polens mit Litauen und dem Niedergang des Deutschen Ordens entwickelte es sich zu einem Knotenpunkt der Ost-West-Handelsstraße und erlebte im 16. Jh. eine wirtschaftliche und kulturelle Blüte. Ein erneuter Aufschwung setzte Ende des 18. Jhs. unter preußischer Herrschaft ein. Die Posener, so urteilen denn auch die Warschauer oder Krakauer bis heute, besäßen deutsche Eigenschaften, seien fleißig, pflichtbewusst, sparsam, humorlos und ehrgeizig. Den Untertanengeist jedoch scheinen sie nie übernommen zu haben: 1848 war Posen das Zentrum der polnischen Nationalbewegung in Preußen, und 1918 fiel die Stadt durch Aufständische in polnische Hand. Posen wurde polnisch, ein Teil der Deutschen wanderte ab. Unbotmäßig und mutig zeigten sich die Posener auch 1956, als Zehntausende erstmals im kommunistischen Polen ihren Protest auf die Straße trugen – 76 Menschen starben bei den Zusammenstößen mit dem Militär .

Eine Attraktion der Stadt sind die *Internationalen Posener Messen (MTP)*. 1921 aus der Taufe gehoben, im Zweiten Weltkrieg zeitweilig geschlossen, entwickeln sie seit den 90er-Jahren mit über 40 Messen pro Jahr zunehmende Anziehungskraft. Das Eingangsgebäude aus Glas und Stahl befindet sich direkt gegenüber dem Hauptbahnhof *(ul. Głogowska 14, www.mtp.pl)*.

Am östlichen Stadtrand besitzt Posen eine beliebte Sport- und Erholungsregion: *Malta* verfügt u. a. über eine Regattastrecke und eine ganzjährig betriebene Skipiste.

SEHENSWERTES

Altstadt

★ Das *Rathaus* auf dem *Stary Rynek* zählt zu den schönsten Renaissancebauten in Polen. Nach einem Feuer wurde das ursprünglich gotische Gebäude von dem Italiener J. B. Quadro umgebaut. Allein schon wegen seines frühgotischen Kellergewölbes lohnt sich ein Besuch des *Historischen Museums.* Sehenswert sind südlich vom Rathaus die *Verkaufsläden* aus dem 15. Jh. und die klassizistische *Hauptwache,* westlich der *Działyński-Palast* (1773–76) mit seinem prunkvollen Roten Saal für besonders festliche Anlässe. Im *Gebäude Nr. 84* am Markt finden Sie das *Museum Henryk Sienkiewicz,* den Deutschen vor allem durch »Quo vadis« bekannt, in Polen jedoch durch den Roman »Die Kreuzritter«, in dem er die Deutschen als ewige Gefahr malte. Unter den vielen Sakralbauten der Altstadt ist besonders die wunderschöne barocke *Pfarrkirche* erwähnenswert *(ul. Gołębia)*, die einst den Jesuiten gehörte und angeblich nach Plänen aus Rom entstand. Interessante moderne Architektur und Kunst vereint das neue *Einkaufszentrum* in einer umgestalteten alten Brauerei *(Stary Browar, ul. Półwiejska 42)*.

Ostrów Tumski

Die Dominsel zwischen Warthe und Cybina bildet den ältesten Stadtteil. Hier befindet sich die gotische *Peter-und-Paul-Kathedrale,* in der Polens Gründungsväter Mieszko I. und Bolesław der Tapfere beigesetzt sind. Nördlich der Kathedrale befindet sich der Renaissancebau der *Lubrański-Akademie,* der ersten höheren Schule in Posen – so benannt nach ihrem Mäzen Bischof Jan Lubrański. Südlich liegen die kleine *Kirche der Hl. Jungfrau Maria* und das spätgotische *Psaltergebäude,* das früher den Kathedralsängern als Wohnhaus diente.

Zentrum

Im heutigen Zentrum vom *pl. Wolności* bis zum *pl. Mickiewicza* finden Sie viele Gebäude vom Beginn

MARCO POLO Highlights »Rund um Posen«

★ **Altstadt von Posen**
Das großartige Rathaus gilt mit seinen vielen arkadenverzierten Loggien als ein Prunkstück der Renaissance (Seite 45)

★ **Magnatenschlösser**
So lebte der Adel: In Kórnik, Rogalin und Rydzyna stehen inmitten eines ländlichen Idylls die schönsten Residenzen (Seite 48)

des 19. bis zum Beginn des 20. Jhs.: die *Raczyński-Bibliothek*, das *Nationalmuseum*, das *Polnische Große Theater*, gleich mehrere Kirchen – und mittendrin *Okrąglak (Rundbau)*, das 10-stöckige, runde Warenhaus aus dem Jahr 1955. Auf dem Mickiewicz-Platz wurde 1981 das *Mahnmal zum Gedenken an die Ereignisse im Juni 1956* enthüllt: zwei monumentale, 21 und 19 m hohe Kreuze aus Stahl und eine Säule mit einem Adlerkopf.

MUSEEN

Insider Tipp

Muzeum Dawnej Motoryzacji

Für Liebhaber: ein Oldtimermuseum mit 30 Motorrädern aus dem 20. Jh. – von Zündapp bis BMW – und Auto-Unikaten wie einem Fiat 508. *Pod Rondem Kaponiera, Di, Mi, Fr–So 10–16 Uhr*

Muzeum Historii Miasta

Umfangreiches historisches und Stadtmuseum. *Rathaus, Stary Rynek 1, Mo, Fr 10–16, Di, Mi 12–18, Do, So 10–15 Uhr*

Muzeum Instrumentów Muzycznych

Das Musikinstrumentenmuseum zeigt Geigen aus den Werkstätten von Amati, Dankwart und Groblicz. Außerdem ein Klavier, auf dem Frédéric Chopin 1829 spielte. *Stary Rynek 45, Di, Sa 12–18, Mi, Fr 10–16, Do, So 10–15 Uhr*

Muzeum Narodowe

Das Nationalmuseum mit niederländischen, italienischen, flämischen und spanischen Gemälden meist aus dem 15.–17. Jh. sowie polnischer Gegenwartsmalerei. Im ersten Stock des monumentalen Gebäudes finden Sie eine bedeutende Sammlung alter Meister, u. a. Francisco de Zurbaráns »Madonna mit dem Rosenkranz«. *Ul. Marcinkowskiego 9, Di, Sa 12–18, Mi, Fr 10–16, Do, So 10–15 Uhr*

ESSEN & TRINKEN

Alexander

Mediterrane Speisen in vornehmen venezianischen Mauern. *Tgl., ul. Ogrodowa 10, Tel. 061/852 28 12,* **€€**

Bażanciarnia

Eine der berühmtesten (und teuersten) Adressen – z. B. mit »Wildbret in einem Ambiente aus Blumen und Früchten«. *Tgl., Stary Rynek 94, Tel. 061/855 33 59,* **€€€**

La Scala

Überladenes Interieur am Rand des Kitsches, aber die größte Bandbreite an italienischen Gerichten und Weinen. *Tgl., ul. Zamkowa 7, Tel. 061/853 04 89,* **€€**

W–Z

Riesige Auswahl (auch exotischer) polnischer Gerichte in riesigem (aber gemütlichem) Raum. *Tgl., ul. Fredry 12, Tel. 061/665 88 00,* **€€**

ÜBERNACHTEN

Während verschiedener Messen sind viele Hotels etwa um ein Viertel teurer, an Wochenenden oft um ein Drittel billiger.

Młyńskie Koło (Mühlrad)

Ein altes Herrenhaus aus Holz, mit handgeschnitzten Möbeln, Kamin, individuell gestalteten Zimmern und gutem Essen. *15 Zi, ul. Bro-*

Eins von vielen Straßencafés auf dem Alten Markt in Posen

warna 17, Tel. 061/878 99 35, Fax 878 99 36, gospoda@mlynskiekolo.pl, €€€

Przemysław
Private Zimmervermittlung im Gebäude der Posener Messe. *Ul. Głogowska 16, Tel. 061/866 35 60, Fax 866 31 08, www.przemyslaw.com.pl,* €

Royal
Restauriertes ehemaliges Hauptquartier der Aufständischen von 1918. Jeden Dienstag Konzerte. *27 Zi., ul. Św. Marcin 71, Tel. 061/858 23 00, Fax 853 78 84, www.hotel-royal.com.pl,* €€

Zagroda Bamberska
Gemütliches Hotel mit gutem Restaurant. *10 Zi., ul. Koscielna 43, Tel. 061/848 43 16, Fax 848 43 18, www.zagrodabamberska.com.pl,* €€

AM ABEND

Weltberühmt sind die »Posener Nachtigallen«, ein Knaben- und Männerchor an der *Philharmonie (ul. Św. Marcin 81, www.filharmonia.poznan.pl)*. Im 1998 gegründeten *Blue Note Jazz Club* gibt es neben Jazz auch Konzerte mit Blues, Klezmer, Flamenco *(tgl. 19–2 Uhr, ul. Kościuszki 76, www.bluenote.poznan.pl)*. Die Ausstattung macht den Unterschied: Die Disko *Galaxy (tgl. 21–3 Uhr, Stary Rynek 87/88)* lockt mit Sciencefiction-Deko, der *Imperium Club* mit einem Interieur aus Statuen, Fresken, Säulen *(tgl. 21–3 Uhr, ul. Kantaka 2/4)*.

Im Juni findet das *Malta-Festival* statt: ein großes Straßentheater mit internationaler Beteiligung und Aufführungen aus den Grenzgebieten von Theater, Zirkus und Tanz *(Info-Tel. 061/852 42 26)*.

Beeindruckend auch für Ausländer ist die sehr expressive, bis an die physischen und psychischen Grenzen gehende Spielweise des Insider Tipp *Theaters des 8. Tages. Teatr ósmego, ul. Ratajczaka 44, Tel. 061/ 855 20 86*

AUSKUNFT

Informationszentrum
CIM (Centrum Informacji Miejskiej), ul. Ratajczaka, Tel. 061/ 851 96 45, www.cim.poznan.pl

ZIELE IN DER UMGEBUNG

Biskupin **[119 E5]**
80 km nordöstlich von Posen liegt das Dorf Biskupin, eine der bedeutendsten archäologischen Stätten Europas – eine wieder errichtete altslawische Wehrsiedlung aus der Lausitzer Kultur, die zwischen 700 und 400 v. Chr. gegründet und bei Stammesfehden zerstört worden sein muss. Im *Museum* sind die ausgegrabenen Gegenstände von Waffen über Haushaltsutensilien bis zu Schmuck gesammelt. Eine Besichtigung dauert zwei Stunden *(Mai–Nov. tgl. 8–18 Uhr)*. Die Anlage ist auch gut vom Schiff auf dem Biskupin-See aus zu sehen, Rundfahrt etwa 30 Minuten *(9–17 Uhr). www.biskupin.pl*

Gniezno (Gnesen) **[119 E5]**
Gnesen (70 000 Ew.), 50 km nordöstlich von Posen, lohnt einen Ausflug, vor allem wegen der gotischen *Kathedrale* aus dem 14./15. Jh. Einst stand hier die Kirche, die Mieszko I. nach 966, als er die Taufe empfangen hatte, errichten ließ. Von ihr blieb nur noch das *Gnesener Tor* erhalten, das größte Kunstwerk der Kathedrale: ein romanischer Flügel aus Bronze (1179), der in 18 Szenen das Leben und Sterben des hl. Adalbert zeigt: Adalbert (Wojciech), Tscheche und seit 983 Bischof von Prag, hatte sich 997 der Missionsarbeit zugewandt und war von Gnesen aufgebrochen, um die Pruzzen zu bekehren. Doch die Heiden erschlugen ihn, und Bolesław der Tapfere musste Adalberts Gewicht in Gold aufwiegen, um den Leichnam zurückzuerhalten.

Unübersehbar ist auch ein Denkmal für Primas Kardinal Wyszynski, der – 1953–55 interniert – die Präsenz der katholischen Kirche auch im Kommunismus verteidigte.

Łagów (Lagow) **[118 C6]**
150 km westlich von Posen liegt der Ort Łagow romantisch an zwei Seen. Einst nur ein Erholungsgebiet der Berliner, wurde er nach dem Krieg auch eine Attraktion für Polen. Im Zentrum befindet sich ein ehemaliges *Johanniterkloster* aus dem 14. Jh. mit einem 35 m hohen Turm (jetzt Restaurant). Im Sommer ein reichhaltiges Kulturprogramm, u. a. das traditionelle Filmfestival, Flamenco- und Tangotanz sowie Kammermusik: *www.zamek-lagow.pl.* Geeignet ist Łagow als Ausgangspunkt für Bootstouren und Wanderungen um die Seen und durch die Buchenwälder.

Magnatenschlösser im Süden
★ In *Kórnik*, 20 km südlich von Posen, finden Sie das einzige vollständig erhaltene Magnaten-, also Adelsschloss von Großpolen **[119 E6]**. Mit den Besitzern wechselte es mehrfach seine Fassade. Den bis heute erhaltenen Stil der englischen Gotik erhielt es 1830 nach Entwürfen

von Karl Friedrich Schinkel. In den Räumen gibt es eine Sammlung von Möbeln, Waffen, Gemälden und eine Bibliothek mit 200 000 Bänden. Der Schlosspark umfasst 49 ha mit 2500 verschiedenen Baumarten aus Europa, Asien und Amerika *(Di–Fr 9–15, Sa 9–14 Uhr)*.

Nur wenige Kilometer westlich in *Rogalin* **[119 D6]** steht der schöne rokoko-klassizistische Palast der Familie Raczyński. Am Vorhof befindet sich ein Kutschenhaus voll alter Kutschen. Der wild wuchernde *englische Garten (Mi–So 10–16 Uhr)* hinter dem Hauptpalais birgt drei Eichen, die mindestens 1000 Jahre alt sind, einen Umfang von 9,30 m haben und die Namen der drei sagenumwobenen Brüder Lech, Czech und Rus tragen. Empfehlenswert ist das Restaurant *Pod Dębami, tgl., ul. Poznańska 1, Tel. 061/813 80 13,* **€€**

In *Rydzyna,* 87 km südlich von Posen, hatte einst die Magnatenfamilie Leszczyński ihren Stammsitz **[122 C2]**. Ein prachtvolles, sehr schön restauriertes Barockschloss, in dem sich jetzt ein Hotel befindet. *48 Zi., pl. Zamkowy 1, Tel./Fax 065/529 50 26, www.zamek-rydzyna.com.pl,* **€€**

Wielkopolski-Nationalpark **[119 D6]**

Zum Entspannen empfiehlt sich eine Fahrt in den 52 km² großen Nationalpark, nur wenige Kilometer südwestlich von Posen. Auf ausgeschilderten Wegen können Sie sich eine abwechslungsreiche Landschaft mit Moränen (bis 132 m Höhe), 16 Seen, großen (Kiefern-)Wäldern und seltenen Pflanzen und Tieren erwandern. In der Ortschaft *Puszczykowo* gibt es ein naturwissenschaftliches Museum.

Polnische Literatur heute

Bekannte Namen und ein paar Lesetipps

Viele polnische Schriftsteller sind überall bekannt und geschätzt – neben dem weltbekannten Sciencefiction-Autor Stanisław Lem auch Ryszard Kapuścinski, Hanna Krall, Andrzej Szczypiorski und die Nobelpreisträger Czesław Miłosz und Wisława Szymborska. Darüber hinaus einige Tipps: Olga Tokarczuk »Taghaus, Nachthaus« (2001): reale und mythische Geschichten aus einem ehemals deutschen Dorf im polnisch-tschechischen Grenzgebiet. Andrzej Stasiuk »Der weiße Rabe« (2000): Jugendliche aus Warschau suchen das Abenteuer in verschneiten Bergen. Charles Powers »Das Gedächtnis der Wälder« (1997): Polen werden mit dem Schicksal ihrer ermordeten jüdischen Nachbarn konfrontiert. Paweł Huelle »Mercedes Benz« (2003): Die zweite Generation forscht nach den Wurzeln der Großeltern im verlorenen Ostpolen. Alter Kacyne »Poyln, eine untergegangene jüdische Welt« (2000): Die Aufnahmen des Dichters und Fotografen sind eindringliche Zeugnisse des jüdischen Lebens in den 20er-Jahren.

KSIĄŻĘ
JÓZEF
PONIATOWSKI
1763-1813

Polens Zentrum

Eine lebendige Stadt voller Widersprüche mit reizvollen Ausflugszielen in der weiteren Umgebung

Der Sage nach soll Warschau vor 700 Jahren von Wars und seiner Schwester Zawa auf Befehl einer Nixe gegründet worden sein. Das Wappen der Stadt zeigt entsprechend eine nackte Frau mit Fischschwanz. Als hätte sie die Geschichte vorausgeahnt, hält die Sirene einen Schild in der linken und ein Schwert in der rechten Hand: Warschau war und blieb bis heute eine streitbare politische Stadt, zum Widerstand gegen zaristische Willkür genauso bereit wie gegen nationalsozialistische und kommunistische Unterdrückung.

Die unmittelbare Umgebung von Warschau ist nicht sonderlich reizvoll. Lohnenswert sind aber Tagesausflüge oder Wochenendtouren in einige Städte und z. B. in den Naturpark Puszcza Białowieska.

WARSZAWA (WARSCHAU)

Karte in der hinteren Umschlagklappe

[126 A–B 1–2] An Warschau (1,7 Mio. Ew.) spalten sich die Meinungen. Aber gleichgültig, ob man es liebt, erträgt oder verachtet – Warschau ist Polens eindeutiges Zentrum: in Politik, Kultur, Wirtschaft und Wissenschaft. Eine boomende Stadt mit überdimensionalen Werbeflächen, endlosen Autokolonnen und gläsernen Wolkenkratzern. Ein Ort voller Widersprüche, in dem die holprige, zugige Straßenbahn ihren Platz neben der hochmodernen Metro behauptet und Bauersfrauen vom Land ihre Waren immer noch auf dem Bürgersteig neben den großen Warenhäusern verkaufen. Warschau überzeugt weniger durch Schönheit als durch Lebendigkeit, kaum durch Beschaulichkeit als vielmehr durch Elan und Risikobereitschaft. Für die Hektik des Alltags entschädigt es seine Bewohner mit dem Gefühl, den Schaltzentren der Macht nahe zu sein und den Puls der Zeit zu fühlen.

Seinen historischen Aufstieg verdankt Warschau der Lage an einer Kreuzung europäischer Handelswege. Von Nord nach Süd führt die Verbindung über die Weichsel von Danzig nach Krakau, von West nach Ost die Straße von Berlin nach Moskau. Diese Lage brachte der Stadt ihren Aufstieg ebenso wie ihre Niederlagen und Zerstörungen.

Seit 1596 polnische Hauptstadt und auf dem Höhepunkt seines Ruhms, wurde Warschau schnell zum Objekt von Begehrlichkeiten.

Der polnische Nationalheld Józef Fürst Poniatowski wacht in Bronze vor dem Sitz des Staatspräsidenten

Wieder auf dem Weg zur Metropole: Warschaus modernes Zentrum

Belagert von den Schweden, einverleibt von den Preußen, zum Herzogtum erkoren von Napoleon, besetzt von russischen Zaren, in Schutt und Asche gelegt von den Nazis – kaum eine andere polnische Stadt spiegelt die wechselvolle Geschichte des Landes so deutlich wider wie seine Hauptstadt.

Als der Zweite Weltkrieg zu Ende ging, lagen 84 Prozent der Bausubstanz in Schutt und Asche. Insgesamt 640 000 Menschen hatten ihr Leben verloren – erst 1970 erreichte Warschau mit 1,3 Mio. Ew. wieder den Stand aus der Vorkriegszeit. Heute schießen immer mehr Hochhäuser aus dem Boden, und riesige Reklamen geben Warschau einen Hauch von Amerika.

SEHENSWERTES

Altstadt [U B3]

★ Großenteils nach Gemälden des Italieners Canaletto aus dem 18. Jh. wurden der Altstadtmarkt und die umliegenden Gassen zwischen 1949 und 1953 wieder aufgebaut – selbst das Kopfsteinpflaster wurde nachgebildet. In der *Świętojańska-Gasse* stoßen Sie auf die *Kathedrale des hl. Johannes* aus dem 14. Jh., in der die polnischen Könige gekrönt wurden. Der *Marktplatz*, Kern der Altstadt, bietet mit den Barockfassaden seiner Bürgerhäuser eine schöne Kulisse für eine Rundfahrt mit einer Pferdekutsche. Durch die *Nowomiejska-Gasse* führt der Weg dann zu den *Stadttoren*, zur *Wehrmauer* und zur restaurierten *Barbakane*, einem dem Tor vorgelagerten kleinen Zwinger, hinter der die so genannte Neustadt beginnt. Von der Anhöhe der Altstadt erwartet Sie eine schöne Aussicht auf die Weichsel.

Friedhöfe

In Warschau konzentrieren sich die Ruhestätten von fünf Konfessionen (entlang der großen *ul. Okopowa*) im Norden der Stadt. Auf *Powązki* **[O]**, dem ältesten Warschauer Friedhof (gegründet 1792), liegen

Persönlichkeiten wie der Nobelpreisträger Władysław Reymont, die Schriftstellerin Maria Dąbrowska oder die Eltern von Chopin. Der *Kommunale Friedhof* **[O]** *(Eingang ebenfalls ul. Powązkowska)* birgt die Opfer erfolglosen Widerstands: Hier liegen Aufständische von 1863, Verteidiger von Warschau 1919 gegen russische und 1939 gegen deutsche Truppen, außerdem befindet sich hier eine Gedenkstätte für die vom sowjetischen Geheimdienst 1940 ermordeten polnischen Offiziere in Katyń. Der *Jüdische Friedhof* **[O]** *(Eingang ul. Okopowa)* von 1779, lange Zeit verwildert, wird jetzt wieder in Stand gesetzt.

Grabstätte des Priesters Jerzy Popiełuszko **[O]**

Der Priester Jerzy Popiełuszko wurde im Oktober 1984 von Beamten des kommunistischen Sicherheitsdienstes ermordet. Seine Grabstätte an der *Stanisław-Kostka-Kirche* im Stadtteil Żoliborz wurde zum Wallfahrtsort für Gläubige aus ganz Polen. Die kleine Ausstellung hinter dem Altar vermittelt einen Hauch der Besonderheit des nationalpolnischen Katholizismus. *ul. Alojzego Felińskiego*

Insider Tipp

Königsweg **[U C2–3]**

Der Warschauer Königsweg umfasst die mehrere Kilometer lange Strecke vom *Königsschloss* in der Altstadt über die Anlagen im *Łazienki-Park* bis zum *Palast-Ensemble* im südlichen Stadtteil Wilanów. In der *Krakowskie Przedmieście* beginnen Sie die Besichtigung an der *Universitätskirche der hl. Anna,* flanieren am Denkmal des polnischen Nationaldichters Adam Mickiewicz vorbei, werfen – linker Hand – einen Blick auf den *Radziwiłł-Palast,* in dem der Staatspräsident residiert, und – rechter Hand – auf den *Potocki-Palast,* in dem das Kulturministerium untergebracht ist. Dann geht es weiter am Ensemble der *Warschauer Universität,* dem *Nikolaus-Kopernikus-Denkmal,*

MARCO POLO Highlights »Rund um Warschau«

★ **Friedhöfe**
Viele Völker – in Łódź im Tod friedlich vereint (Seite 59)

★ **Kulturpalast**
Großartige Aussicht vom stalinistischen Prunkbau (Seite 54)

★ **Altstadt**
Warschaus Stadtkern: fast wieder wie vor dem Krieg (Seite 52)

★ **Puszcza Białowieska**
Im größten Urwaldgebiet Mitteleuropas hat sich eine einzigartige Tier- und Pflanzenwelt erhalten (Seite 60)

★ **Königsschloss**
Prunkvolle Gemächer und ein Saal voller Gemälde, die Warschau im 18. Jh. zeigen (Seite 54)

dem *Staszic-Palast* (heute Akademie der Wissenschaften) vorbei – und schon befinden Sie sich auf der *Nowy Świat,* der Warschauer Flanier- und Einkaufsmeile.

Königsschloss **[U C1–2]**

★ Ursprünglich Schloss der Fürsten von Masowien, wurde der frühbarocke Bau Ende des 16. Jhs. offizieller Sitz der polnischen Könige. Während der Besatzung brannten die Nazis den Bau nieder und sprengten ihn in die Luft. Doch dank umfangreicher Spenden wurde das Schloss bis 1984 wieder aufgebaut. Bei der Besichtigung sollten Sie unbedingt die *königlichen Gemächer* anschauen und den prachtvollen *Canaletto-Saal* mit Ansichten von Warschau aus dem 18. Jh.

Vor dem Schloss steht die Bronzestatue von Sigismund III., der Warschau zur polnischen Hauptstadt machte. Ihr Sockel ist ein beliebter Treffpunkt.

Kulturpalast **[U B4]**

★ Das höchste und auffälligste Gebäude der Stadt wurde zwischen 1952 und 1955 gebaut. Obwohl dieser 232 m hohe Prunkbau aus Stein und Marmor im Stalin-Stil unverkennbar an die demütigende sowjetische Dominanz bis 1989 erinnert, ist der Kulturpalast mit wissenschaftlichen und kulturellen Institutionen inzwischen voll in das pulsierende Leben im Stadtzentrum integriert. Vom 30. Stockwerk aus haben Sie einen herrlichen Rundblick. *Tgl. 10–18 Uhr*

Łazienki-Park **[U D–E6]**

Diese schöne Parkanlage ließ der letzte polnische König StanisZaw August Poniatowski Ende des 18. Jhs. errichten. Sehenswert sind der *Palast* mit der *Alten Orangerie* und das *Theater auf der Insel.* Im Sommer finden vor dem *Chopin-Denkmal* jeden Sonntag um 11 Uhr Konzerte unter freiem Himmel

Musikgenuss in königlichem Rahmen: die Alte Orangerie im Łazienki-Park

statt. Im Süden wird der Park vom *Belvedere-Palais* begrenzt, in dem in der Zwischenkriegszeit die Staatspräsidenten residierten.

Synagoge **[U A4]**
Der Zweite Weltkrieg und die grausamen Verbrechen der Nationalsozialisten haben die jüdische Kultur in Warschau und das jüdische Stadtviertel fast restlos zerstört.

Die *Nożycka-Synagoge* aus dem 19. Jh. steht – von der Straße aus nicht sichtbar – hinter dem Jüdischen Theater auf dem *Grzybowski-Platz.* An das Warschauer Ghetto erinnern das Denkmal an der *Zamenhof-Straße* **[U A1]** und die marmorne Gedenkplatte am ehemaligen Umschlagplatz an der Ecke *ul. Stawki/Dzika* **[O]**.

Wilanów **[O]**
Etwa 10 km südlich vom Zentrum liegt Wilanów, die Residenz, die König Johann III. Sobieski, der Wien vor den Türken rettete, seiner französischen Frau am Ende des 17. Jhs. bauen ließ. Der wertvolle Barockpalast ist von einem Park mit geometrischen Rasenflächen und Buchsbaumhecken umgeben. Anfang des 19. Jhs. richtete Stanisław Potocki in einem Teil des Palasts das erste öffentliche Museum Polens ein. *Mo, Mi, Fr, Sa 9.30 bis 14.30, So 10–16 Uhr*

MUSEEN

Muzeum Historyczne **[U C1]**
Auf der Nordseite des Altstadtmarkts wird die Stadtgeschichte gezeigt – vor allem der Widerstand gegen die Nazis. *Rynek Starego Miasta 28, Di–So 11–18, Mi, Fr 10–15, Sa, So 10–16 Uhr*

Muzeum Katyńskiego **[O]**
Schockierende Dokumente über ca. 15 000 polnische Offiziere, die von den Sowjets 1940 in der Gegend von Katyń und Smolensk umgebracht wurden. *ul. Powsińska 13 (Fort Sadyba), Mi–So 10–16 Uhr*

Muzeum Narodowe **[U D4]**
Das Nationalmuseum zeigt mittelalterliche Altäre und Skulpturen, dazu Werke polnischer Maler aus dem 19. und 20. Jh. *al. Jerozolimskie 3, So, Di 10–17, Mi, Fr, Sa 10–16, Do 12–18 Uhr*

Zachęta **[U B–C3]**
Die Nationale Kunstgalerie Zachęta stellt zeitgenössische Kunst aus und sammelt die polnische Avantgarde seit den 60er-Jahren. *pl. Małachowskiego 3, Di–So 12–20 Uhr, www.zacheta.art.pl*

Żydowski Instytut Historyczne **[U B2]**
Die obere Etage des Jüdischen Historischen Instituts ist als Museum zu besichtigen: Es zeigt das Leben im Ghetto während des Kriegs. *ul. Tłomackia 3/5, Mo–Fr 10–16 Uhr*

ESSEN & TRINKEN

Die Warschauer Gastronomie ist sehr unterschiedlich: von Nobeladressen altpolnischer Küche über vielfältige Angebote im mittleren Bereich bis zu preiswerten Billigküchen und Milchbars.

Belvedere **[O]**
Erlesene polnische Küche in der Orangerie des Königsparks Łazienki. Treffpunkt von Politikern und Diplomaten. *Tgl., Łazienki-Park, Tel. 022/841 48 06,* €€€

Le Bistrot [U D4]
Exquisite französische Küche im eleganten Zamoyski-Palais mit Terrasse in den Garten. *So Ruhetag, ul. Foksal 2, Tel. 022/827 87 07,* €€€

Café Blikle [U C4]
Nicht nur Café, sondern auch eine der besten und sicher die bekannteste Bäckerei der Stadt. *Tgl., Nowy Świat 35, Tel. 022/826 66 91,* €€

Café 6/12 [U C5]
Vom Frühstück bis zum Menü am Abend: Fruchtsäfte, wechselnde Karte, monumentales Interieur. *So Ruhetag, ul. Żurawia 12, Tel. 022/622 53 33,* €

Fukier [U C3]
Nobeladresse für Ausländer und einheimische Schickeria in der Altstadt. *Tgl., Rynek Starego Miasta 27, Tel. 022/831 10 13,* €€€

Kompania Piwna [U C1]
Gute, derbe Kost auf Holzbrettern in freundlicher Bierhallen-Atmosphäre, preisgünstigstes Lokal in der Altstadt. *Tgl., ul. Podwale 25, Tel. 022/635 63 14,* €– €€

Insider Tipp **Krokiecik** [U B4]
Bar im Centrum, alles einfach und lecker. *So Ruhetag, ul. Zgoda 1, Tel. 022/827 30 37,* €

Qchnia Artystyczna [U D–E6]
Unkonventionell, minimalistisch, herrlich im Ujazdowski-Park gelegen. Treffpunkt von Yuppies und Künstlern. *Tgl., Zamek Ujazdowski, Tel. 022/625 76 27,* €€

Restauracja Polska Tradycja [O]
Klassische polnische Speisen mit guter Weinauswahl in fast privater Atmosphäre. *Tgl., ul. Belwederska 18a, Tel. 022/840 09 50,* €€

EINKAUFEN

Nach 1989 sind in Warschau mehrere Einkaufszentren entstanden. Das größte ist die *Galeria Mokotów, ul. Wołoska 12* [O], das edelste (u.a. mit Läden von Prada, Versace, Escada, Boss) das *Metropolitan* am *pl. Pilsudski* [U C3] – 2003 zählte dieser Bau des Architekten Sir Norman Foster zu den drei schönsten Businesszentren der Welt.

Eine exklusive Adresse im neuen Trendy-Viertel um den Plac Trzech Krzyży [U C–D5] ist auch der Laden des international erfolgreichen Designers *Arkadius (ul. Mokotowska 49)* mit seiner extravaganten Kollektion von punkigen Jeans bis hin zu Abendkleidern mit religiösen Symbolen. Lustig bedruckte T-Shirts für Kinder gibt es gleich nebenan bei *Endo* in der *ul. Mokotowska 51/53.* Weitere polnische Designer finden Sie bei *Polscy Projektanci* in der *ul. Chmielna 30,* innerhalb jener Einkaufsmeile, die sich von der ul. Marszałkowska bis zur Nowy Świat zieht [U C4].

Die schöne *Galeria Milano* mit Silberschmuck und moderner Malerei befindet sich auf dem *pl. Waszyngtona* [U F3]. Werke der besten modernen polnischen Künstler – Grafiken, Zeichnungen und Skulpturen – sind bei Katarzyna Napiorkowski in der *Galeria Sztuki (ul. Świętokrzyska 32)* zu erwerben [U C3–4]. Absolut in: die alternative *Galeria Raster* (Insider Tipp) in einer Privatwohnung *(ul. Hoża 42 m 8, Di–Sa 15–20 Uhr),* wo man Werke junger Künstler kaufen, aber auch Tee trinken kann [U C5].

Der »Russenmarkt« im *Stadion Dziesięciolecia*, mit täglich Zehntausenden Besuchern der größte in Europa, bietet von Töpfen bis zu Plagiaten alles billigst an **[U F3]**.

ÜBERNACHTEN

Die Preise in Warschau sind extrem hoch. Selbst Mittelklassehotels kosten weit über 85 Euro pro Doppelzimmer. Die meisten Hotels haben allerdings verbilligte Angebote am Wochenende.

Sie können sich aber auch nach Apartments in der Stadt erkundigen bei *Old Town Apartments, ul. Rynek Starego Miasta 12/14* **[U C1]**, *Tel. 022/887 98 00, Fax 831 49 56, www.warsawshotel.com,* **€–€€**.

Bristol **[U D4]**
Traditionsreiches Jugendstilhotel, schön renoviert, für die höchsten Ansprüche. *155 Zi., 43 Apt., Krakowskie Przedmieście 13, Tel. 022/625 25 25, Fax 625 25 77, romwo222@pol.pl,* **€€€**

Hetman **[U E1]**
Komplett renoviertes, freundliches Hotel gleich über die Weichsel im Stadtteil Praga. *68 Zi., ul. Ks. J. Kłopotowskiego 36, Tel. 022/818 57 80, Fax 618 51 39, www.hotelhetman.pl,* **€€–€€€**

Holiday Inn **[U B5]**
Direkt am Hauptbahnhof gelegen. *300 Zi., ul. Złota 2, Tel. 022/620 03 41, Fax 830 05 68, holiday@orbis.pl,* **€€€**

Maria **[O]**
Kleines, familiär geführtes Hotel mit moderaten Preisen und gutem Restaurant. *24 Zi., al. Jana Pawla II 71,*

Der Kulturpalast überragt die modernen Betonklötze der Hotels

Tel. 022/838 40 62, Fax 838 38 40, www.hotel-maria.com, **€€€**

Reytan **[O]**
Modernes Hotel mit hellen Zimmern in der Nähe des Łazienki-Parks. *86 Zi., ul. T. Rejtana 6, Tel. 022/646 31 66, Fax 646 29 89, www.reytan.pl,* **€€–€€€**

Rialto **[U B6]**
Das einzige Designhotel in Polen; ganz eingerichtet im Stil des Art déco. Luxusklasse im Zentrum. Spitzenrestaurant. *44 Zi., ul. Wilcza 73, Tel. 022/584 87 00, Fax 584 87 01, www.hotelrialto.com.pl,* **€€€**

AM ABEND

»Clubbing« ist das Stichwort für das Warschauer Nachtleben – Streifzüge von einem Club zum nächsten vor allem für Teens und Twens. Am bekanntesten ist *Piekarnia,* die Diskothek Nummer eins in der Hauptstadt *(ul. Młocinska 11, Fr, Sa 22–6 Uhr)* **[O]**. Gleich um die Ecke lockt *CDQ,* ein bizarrer Ort in einem umgebauten Kulturhaus, mit Musik, Happenings und Ausstellungen *(ul. Burakowska 12, tgl. 22–4 Uhr)* **[O]**. Für Jazzliebhaber empfehlen sich das *Jazz Bistro (ul. Piekna 20)* **[U C6]** und das *Jazzgot* im Kulturpalast *(pl. Defilad 1)* **[U B4]**.

Insider Tipp

Am *Plac Trzech Krzyży 18* gibt es gleich zwei Café-Bars: *Szpilka* und *Szpulka* zum Plaudern von morgens bis nachts **[U D5]**, und Liebhaber klassischer Musik finden das Programm der *Philharmonie (ul. Jasna 5)* unter *www.filharmonia.pl o. Tel. 022/551 71 11* **[U B4]**.

Als Alternative: Abschalten im *Wellnesscenter* im 43. Stock des Hotels Intercontinental *(ul. Emilii Plater 49, Mo–Fr 6–23, Sa, So 7–21 Uhr)* mit phantastischem Blick über die Stadt **[U B5]**.

Insider Tipp

AUSKUNFT

Touristeninformation

Am Flughafen, im Hauptbahnhof **[U B5]** *und am Schlossplatz (pl. Zamkowy)* **[U C1]**. *Tgl. 8–19 Uhr, Tel. 022/94 31, Fax 524 11 43, www.warsawtour.pl (auf Deutsch und Englisch).* In Hotels und Kiosks finden Sie englischsprachige Touristenführer wie »Warsaw Insider« oder »Inyourpocket« (sehr gut!).

ZIELE IN DER UMGEBUNG

Kazimierz Dolny **[127 D–E6]**

Insider Tipp

Etwa 140 km südlich von Warschau liegt am rechten Weichselufer das Renaissancestädtchen *Kazimierz Dolny* (4000 Ew.). Einst machten Brauereien und Getreidehandel die Stadt reich – von den vielen Lagerstätten sind noch die *Ulanowski-* und die *Fajersztajn-Speicher* in der Puławska erhalten.

Wegen seiner malerischen Lage besitzt der Ort einen legendären Ruf und zieht seit Anfang des 20. Jhs. Schriftsteller, Maler, Studenten und die Schickeria an. Anziehungspunkte auf dem Marktplatz sind die *Patrizierhäuser* der Brüder Przybył mit ihren dekorativen Fassaden und die auf einer Anhöhe errichtete *Pfarrkirche,* deren Stuckornamente als typisch gelten für die »Lubliner Renaissance«.

Übernachtung im *Dwa Księżyce, 20 Zi., ul. Sadowa 15, Tel. 081/881 08 33, €;* oder in der *Pension Mandaryn, 6 Zi., 1 Apt., ul. Senatorska 17, Tel. 081/881 02 20, €.* Hier befindet sich auch ein empfehlenswertes Restaurant (€).

Łódź **[123 F2]**

Machen Sie einen Abstecher nach Łódź (133 km südwestlich von Warschau), weil die Stadt wie sonst kaum noch ein Ort in Europa die Atmosphäre früh- und hochkapitalistischer Arbeitsbedingungen vermittelt. Die Villen und Hallen der Textilfabrikanten Geyer, Grohman, Poznański und Scheibler sind unverändert wie im 19. Jh. – das »polnische Manchester« diente oft als Filmkulisse. Dank der Textilindustrie ist Łódź (850 000 Ew.) zur zweitgrößten Stadt Polens geworden. Ein Spaziergang durch die Fußgängerzone der *ul. Piotrkowska* erschließt das neue Leben nach 1989: Pubs, Galerien, moderne Einkaufszentren, Textilgeschäfte.

Insider Tipp

Im ehemaligen Palast des jüdischen Textilfabrikanten Izrael Poznański befindet sich heute das *Łódźer Stadtmuseum (ul. Ogrodowa 5, Di–So 10–16 Uhr).* Hier sind u. a. Sammlungen berühmter Söhne der Stadt, wie Artur Rubinstein, zugänglich gemacht. In der ehemaligen Firma des deutschen Fabrikanten Ludwik Geyer wurde ein *Textilmuseum* eingerichtet *(ul. Piotrkowska 282, Di–So 9–16 Uhr).*

Wer nach Spuren des untergegangenen Vielvölkergemischs der Stadt sucht, sollte die ★ Friedhöfe besuchen. Der 1892 errichtete *jüdische Friedhof (ul. Bracka 40)* ist der größte Europas: Noch 200 000 Grabsteine sind erhalten – u. a. der des Industriellen Poznański, aber auch solche von den ermordeten Juden aus dem Łódźer Ghetto. Auf dem *Friedhof der Protestanten, Katholiken und Orthodoxen (ul. Ogrodowa)* finden sich viele Familiengrabmäler von außerordentlichem kulturhistorischem Rang.

Nach dem Krieg erwarb sich die Stadt einen internationalen Ruf durch die Filmhochschule, an der berühmte Regisseure wie Andrzej Wajda, Roman Polanski und Krzysztof Kieślowski studierten.

Touristische Information: *ul. Piotrkowska 146, Tel./Fax 042/ 638 59 55, cut@hotelspt.com.pl*

Unterkunft im *Grand:* Im Jahr 1888 erbaut, hat es zwar nicht die neueste technische Ausstattung, dafür aber ein schönes Interieur, *100 Zi., ul. Piotrkowska 71, Tel. 042/ 63 99 20, Fax 63 78 76,* **€€€**.

Manche kommen der Szene wegen sogar aus Warschau: Die *ul. Piotrkowska* ist mit 4 km nicht nur die längste Einkaufsmeile Polens, sondern auch der beliebteste Treffpunkt von morgens bis nachts. So-

Polen und die Kreuzritter

Ihre Spuren reichen bis in die heutige Zeit

Im Jahr 1226 rief der polnische Herzog Konrad von Masowien den Deutschen Orden zu Hilfe, um die heidnischen Pruzzen zu missionieren. Statt sich nach erfolgter Eroberung des Pruzzen-Landes (1283) jedoch zurückzuziehen, meldeten die Kreuzritter eigene Herrschaftsansprüche an. Demonstrativ verlegten sie ihren Hochmeistersitz von Venedig auf die Marienburg (1308) und provozierten den Konflikt: 1409 begann der Krieg mit Polen-Litauen, der für die Kreuzritter in der Schlacht von Tannenberg/Grunwald am 15. Juli 1410 mit einer vernichtenden Niederlage endete. Um diese Demütigung abzuschütteln, suchte General von Hindenburg 500 Jahre später gleich zu Beginn des Ersten Weltkriegs nach Revanche. Seinen Sieg gegen die Russen auf eben diesem Schlachtfeld ließ er mit einem großartigen Denkmal feiern. Doch die mächtigen, zum Himmel strebenden Säulen künden heute wieder vom polnischen Sieg 1410 – denn nach dem Zweiten Weltkrieg wurde das Land Polen zugesprochen.

Der Rote Salon im Palais der Fürsten Radziwiłł in Nieborów

gar Bundeskanzler Schröder besuchte den *Irish Pub (Nr. 77)*. Sehr gefragt auch der *Łódż Business Club (Nr. 85)* und – nobler – das *Restaurant Espanada (Nr. 100)*. Den Treff *Łódż Kaliska* führt die-gleichnamige Künstlergruppe.

Łowicz **[120 B6]**

Die knapp 90 km südwestlich von Warschau gelegene mittelalterliche Stadt ist ein Anziehungspunkt wegen ihres alten *Marktplatzes (rynek)* und einer *Stiftskirche* aus dem 15. Jh. Interessant auch das *Museum (Di–So 10–15.30 Uhr)* in einer ehemaligen Missionsschule, das eine Sammlung regionaler Volkskunst beherbergt (Trachten, Möbel, Töpferwaren). Darüber hinaus gibt es ein kleines *Freilichtmuseum* mit einer Sammlung geschnitzter Bienenstöcke.

Nieborów **[120 B6]**

Das unweit von Łowicz gelegene Barockpalais der Familie Radziwiłł gehört mit den angrenzenden Gartenanlagen zu den schönsten Herrensitzen in ganz Polen. Es wurde nach dem Krieg stilgerecht mit dem ursprünglichen Mobiliar restauriert. In den Innenräumen finden Sie Sammlungen von Bildern, antiken Skulpturen und eine umfangreiche Bibliothek. *Di–So 10–15.30 Uhr*

Nur 6 km entfernt liegt *Arkadia* Insider Tipp – ein von der Fürstin Helena Radziwiłł konzipierter romantisch-sentimentaler Park aus dem 18. Jh. Zwischen Wiesen und kleinen Seen stoßen Sie unter anderem auf den Diana-Tempel, das Gotische Häuschen, das Haus des Burggrafen und den Tempel des Erzpriesters.

Puszcza Białowieska **[121 F5]**

★ Die Puszcza Białowieska ist das größte Urwaldgebiet Mitteleuropas (1250 km²). Sie liegt beiderseits der polnisch-weißrussischen Grenze, und von den 530 km² auf polnischer Seite ist immerhin ein Zehntel seit 1921 zum Nationalpark erklärt. Hier gedeihen etwa 150 verschiedene Arten von Bäumen und Sträuchern, fast 1000 Pilzarten kann man finden und 160 Vogelarten beobachten. Neben Bibern, Hirschen, Rehen und Luchsen leben hier die ansonsten in Europa schon ausgestorbenen Wisente: 1929 gab es im Nationalpark nur noch sechs Tiere, heute sind es fast 600 (im gesamten Urwald).

Der Naturpark darf nur mit einem Führer betreten werden. Auskunft erteilen die Touristenbüros in *Hajnówka* oder in *Białowieża,* wo sich auch der Eingang zum Nationalpark befindet. Ein *Museum* in Białowieża zeigt die Geschichte des Nationalparks, gibt Auskunft über Wanderwege, dazu Informationen über Flora und Fauna des Gebiets *(Di–So 9–16 Uhr).* Das Gebiet liegt etwa 80 km südlich von Białystok. Von Warschau sind es rund 200 km in nordöstlicher Richtung.

Komfortabel wohnen können Sie im *Hotel Białowieski, 64 Zi., ul. Waszkiewicza 218 B, Tel. 085/ 681 20 22, Fax 744 45 34, www. hotel.bialowiezs.pl, €*

Puszcza Kampinoska **[120 C6]**

Der Kampinos-Nationalpark mit seiner Wald- und Sumpflandschaft liegt ca. 20 km nordwestlich vom Warschauer Zentrum. Im Süden befinden sich die Orte *Kampinos* mit einer Holzkirche von 1773 und *Niepokalanów,* wo Pater Maksymilian Kolbe, der später in Auschwitz umkam, ein Franziskanerkloster gegründet hat. Im Norden liegt zudem das Dorf *Palmiry.* Insider Tipp Hier sind etwa 2500 Polen bestattet, die zwischen 1939 und 1941 im Warschauer Pawiak-Gefängnis von Hitlers Schergen ermordet wurden.

Toruń (Thorn) **[120 A4]**

Der Stolz von Thorn ist Nikolaus Kopernikus, der Astronom, Arzt und Humanist, der 1473 hier geboren wurde. Thorn, ca. 200 km nordwestlich von Warschau, ist reich an Baudenkmälern, weil es im letzten Krieg unversehrt blieb. Hier beginnt die Backsteingotik der Kreuzritter.

Das an flandrischen Beispielen orientierte *Rathaus* aus dem 14. Jh. beherbergt das sehenswerte *Regionalmuseum (Di–So 10–16 Uhr)* mit unter anderem Münzen und Gemälden polnischer Könige. Am imposantesten sind die Sakralbauten: die *Marienkirche (ul. Panny Marii)* und die *Johanniskirche (ul. Św. Jana)* in der Altstadt und die *Jakobskirche* am Marktplatz der Neustadt. Vom Terrassencafé auf dem Gelände der Kreuzritterburg, die von Bürgern 1454 zerstört wurde, haben Sie einen schönen Blick über die Weichsel.

Unterkunft im *Mercure Helios, 108 Zi., ul. Kraszewskigo 1/3, Tel. 056/619 65 50, Fax 619 62 54, helios@orbis.pl, €–€€;* oder im *Daglezia* in einer ehemaligen Brauerei, *30 Zi., Przysiek (ca. 5 km vom Zentrum Richtung Bydgoszcz), Tel. 056/678 92 42, €€.* Polnische Küche bietet das *Zajazd Staropolski, tgl., ul. Żeglarska 10/14, Tel. 056/ 622 60 60, €€.*

Żelazowa Wola **[120 B6]**

Etwa 60 km westlich von Warschau wurde der Komponist und Pianist Fryderyk Chopin (1810–49) geboren. In den Sommermonaten finden im Park des Landhauses sonntags Klavierkonzerte statt *(11 und 15 Uhr). Im Sommer 10 bis 17.30, sonst 10–16 Uhr* Insider Tipp

Auf umstrittenem Boden

Eine spannende und wechselvolle Geschichte bestimmt das Leben in Schlesien

Schlesien blickt auf eine wechselvolle Geschichte zurück. Erst polnisch unter den Piasten, fiel es hernach an Böhmen, dann an Habsburg, und 1741 gliederte der Alte Fritz das Land Preußen ein. Dort blieb es 200 Jahre, und erst nach dem Zweiten Weltkrieg erhielt Polen die deutschen Ostgebiete als Ausgleich für den Verlust der eigenen Ostgebiete, die es an die Sowjetunion abtreten musste (ein Drittel des Landes!). Die meisten Deutschen wurden vertrieben; wie viele noch geblieben waren, wurde erst nach dem Sturz des Kommunismus deutlich, als sie sich wieder ohne Furcht zu ihrer Nationalität bekennen konnten. Heute geben knapp 500 000 Polen eine deutsche Herkunft an. Das Verhältnis zwischen Deutschen und Polen hat sich seit 1991 entkrampft, als das wieder vereinte Deutschland die Oder-Neiße-Linie als polnische Westgrenze anerkannte.

Die Landschaft in Schlesien ist abwechslungsreich. Da sind die sanften Hügel vom Oppelner Land, der Blick vom Annaberg über gelbe Rapsfelder, grüne Ebenen und verträumte Dörfer. Da sind aber auch die Zechen und rauchenden Schlote Oberschlesiens, hinter deren Staubwolken sich die Sonne oftmals verbirgt.

Beliebt auch in Schlesien: Geranien

Bäche wie aus dem Bilderbuch: Dies und mehr bietet das Riesengebirge

JELENIA GÓRA (HIRSCHBERG)

[128 B2–3] Hirschberg (92 000 Ew.), ein wichtiges Industriezentrum, liegt in einem Talkessel, in dem die Flüsse Bóbr (Bober) und Kamienna (Zacken) zusammenfließen. Im Zweiten Weltkrieg wurde die Stadt nicht zerstört, und so prägen wie einst die wunderschönen *Laubenhäuser* aus dem 16. bis 18 Jh. und das barocke *Rathaus* mit dem *Neptunbrunnen* das Stadtbild. Etwas

Sorgfältig restaurierte Fassaden und Giebel in Hirschberg

östlich vom Rathaus liegt die gotische katholische *Pfarrkirche St. Erasmus und Pankratius*, das älteste kirchliche Bauwerk der Stadt, mit dem 52 m hohen Turm und einem kostbaren Hochaltar mit Figuren des norwegischen Bildhauers Thomas Weisfeldt (18. Jh.). Ehemals evangelisch war die *Gnadenkirche zum Kreuz Christi (Kościół Św. Krzyża)*, die Anfang des 18. Jhs. nach dem Vorbild der Stockholmer Katharinenkirche entstand. Vom Aussichtsturm auf dem am Stadtrand gelegenen *Bolesław-Krzywousty-Berg* haben Sie einen schönen Blick auf die Stadt und die Gebirgstäler.

Übernachtungsmöglichkeiten im Hotel *Mercure, 188 Zi., 4 Apt., ul. Sudecka 63, Tel. 075/764 64 81, Fax 752 62 69, mer.jgora@orbis.pl, www.mercure.de,* €€.

Informationsbüro: *Mo–Fr 8–18, Sa, So 9–15 Uhr, ul. Grodzka 16, Tel. 075/767 69 25, Fax 767 69 35, www.karkonosze.it.pl*

ZIELE IN DER UMGEBUNG

Kotlina Jeleniogórska (Hirschberger Tal) [128 B3]

Das am Ende des 18. Jhs. vielerorts erwachende Interesse, Landschaften in Kulturlandschaften zu verwandeln, fand im malerischen Hirschberger Tal eine besonders deutliche Ausprägung. Denn die Hohenzollern und einige preußische Adelsfamilien erwarben hier Anfang des 19. Jhs. eine Reihe von Schlössern *(u.a. Karpniki/Fischbach, Wojanów/Schildau, Bukowiec/Buchwald und Mysłakowice/Erdmannsdorf)* und ließen sie romantisierend umbauen und mit kunstvoll gestalteten Anlagen umgeben. Beauftragt waren so renommierte Architekten und Landschaftsgestalter wie Karl Friedrich Schinkel, August Stüler und Joseph Lenné. Nachdem das preußische Erbe in kommunistischen Zeiten stark vernachlässigt wurde, versucht der polnische Staat nun, die vom Verfall bedrohten Schlösser zu retten – allerdings mit unterschiedlichem Erfolg.

Als Ausgangsbasis empfiehlt sich das sehr gemütliche *Schlosshotel Łomnica, 11 Zi., ul. Karpnicka 3, Łomnica, Tel. 075/713 04 60, Fax 713 05 33, www.schloss-lomnitz.pl,* €€.

Krzeszów (Grüssau) **[128 C4]**

★ Die Abtei in Grüssau gehört zu den wertvollsten Architekturdenkmälern Schlesiens. Auch wenn sie etwas abseits liegt, nämlich 40 km südöstlich von Hirschberg: Der Weg lohnt! Die monumentale Fassade der *Marienkirche* überrascht genauso wie die überreiche Gewölbemalerei und ein Bild der Jungfrau Maria aus der italienischen Schule des 13. Jhs. Der eindrucksvolle Klosterkomplex hat seinen Ursprung im Jahr 1242, als Herzogin Anna, die Witwe des Herzogs Heinrichs II. die Abtei dem Benediktinerorden stiftete. In der *Fürstenkapelle* hinter dem Presbyterium befinden sich die Sarkophage der Herzöge Bolko I. und Bolko II. aus dem 14. Jh. In der frühbarocken *Josefskirche* gleich nebenan sind wertvolle Fresken von Michael Willmann d. Ä. zu sehen, einem der prominentesten Barockmaler Schlesiens.

Krzyżowa (Kreisau) **[129 D3]**

Eine 1990 gegründete Initiative hat auf dem ehemaligen Sitz der Familie von Moltke, ca. 60 km östlich von Hirschberg, eine internationale Jugendbegegnungsstätte in der vorzüglich renovierten Anlage eröffnet. Eine Ausstellung im Haupthaus des Guts erinnert an den »Kreisauer Kreis«, in dem Oppositionelle um James von Moltke den Sturz von Adolf Hitler planten, sowie an jene Oppositionellen, die in Osteuropa am Zusammenbruch des Kommunismus teilhatten. *Krzyżowa 7, Grodziszcze, Tel. 074/850 03 00, Fax 850 03 05, www.krzyzowa.org.pl,* €

Książ (Fürstenstein) **[128 C3]**

★ Der ursprünglich im 13. Jh. entstandene mächtige Verteidigungskomplex, 55 km östlich von Hirsch-

MARCO POLO Highlights »Schlesien«

★ **Książ (Fürstenstein)**
Hervorragend restauriertes monumentales Schloss (Seite 65)

★ **Krzeszów (Grüssau)**
Die Klosteranlage gehört zu den schönsten Bauten des Spätbarocks in ganz Polen (Seite 65)

★ **Rynek (Marktplatz)**
Breslaus Markt mit seinen alten Häusern ist lebendiger Mittelpunkt (Seite 72)

★ **Góra Świętej Anny (Annaberg)**
Vom Kloster auf dem Annaberg weit über das Oppelner Land blicken (Seite 68)

berg, erhielt sein heutiges Erscheinungsbild im 18. Jh. Terrassenförmige Gartenanlagen im Süd- und Westteil der Anlage sind ebenso zu besichtigen wie große Teile des riesigen, 400 Zimmer umfassenden Schlosses, unter denen der *Maximiliansaal* mit seinen reichen Dekorationen im Stil des Wiener Barock sicher zu den prunkvollsten gehört.

Bei Ausbruch des Zweiten Weltkriegs übernahmen die Nationalsozialisten das Anwesen. Unter Einsatz von 3000 Zwangsarbeitern begannen 1941 Umbauten zu einem Führerhauptquartier. In der Nachkriegszeit wurde das Schloss restauriert und ist heute zum Teil Hotel. *Schloss Fürstenstein, Di–So 10–16, im Sommer bis 17 Uhr, ul. Piastów Śląskich 4, Wałbrzych*

Swidnica (Schweidnitz) **[129 D3]**
Einst nach Breslau der zweitwichtigste Ort in Schlesien, mutet Schweidnitz, 65 km östlich von Hirschberg, heute wie eine zwar geschäftige, aber doch verträumte Provinzstadt an. Ein Spaziergang durch die *Altstadt* mit ihren restaurierten Renaissance- und Barockfassaden sollte den *Neptunbrunnen* und die gotische *Pfarrkirche der hl. Stanislaus und Wenzel* einschließen.

Ein ganz besonderes Kleinod ist Insider Tipp die *Friedenskirche (kościół pokoju)*. Nur an genehmigten Orten durften sie ihre Kirchen bauen, hatte der habsburgische Kaiser seinen protestantischen Untertanen im 17. Jh. mitgeteilt, und nur aus Holz und Lehm und ohne Glocke. Und weil diese im Westfälischen Frieden von 1648 zugestandene Glaubensfreiheit so unzureichend war, stattete man die Innenräume mit mehreren Emporen und Logen aus, sodass in der relativ kleinen Kirche von Schweidnitz schließlich 3000 Sitzplätze und 4000 Stehplätze entstanden.

2001 wurden die im Innern mit prunkvollem Barock geschmückten Friedenskirchen von Schweidnitz und dem 30 km entfernten *Jawor (Jauer)* **[128 C2]** in das Unesco-Welterbe aufgenommen. Jeden zweiten Sonntag findet ein Gottesdienst auf Deutsch statt. *Mo–Sa 9–13 u. 15–17 Uhr, So ab 11 Uhr*

KŁODZKO (GLATZ)

[129 D5] Das Glatzer Bergland bildet den südlichsten Zipfel der polnischen Sudeten: ein 300 bis 400 m hohes Hügelland. Höchster Punkt ist der 1425 m hohe *Snieżnik (Glatzer Schneeberg)*, Zentrum die Stadt *Kłodzko (Glatz)*. Glatz (29 500 Ew.) schmiegt sich in den Talkessel der Glatzer Neiße. Die Straßen der Altstadt führen zu den Hängen des Bergs hinauf, auf dem Friedrich der Große 1742, gleich nach der Eroberung Schlesiens, das Schloss zur Festung umbauen ließ.

Spazieren Sie zum *Rathaus* mit dem barocken *Löwenbrunnen*, zu den Bürgerhäusern mit ihren Renaissance- und Barockfassaden, zur *Franziskanerkirche* aus dem 17. Jh. und zur gotischen *Steinbrücke*: Wie das Prager Vorbild trägt sie barocke Skulpturen – was ihr den Namen »Kleine Karlsbrücke« einbrachte. Interessant ist auch ein Rundgang durch die *Befestigungsanlage*, Insider Tipp die von Friedrich II. in Auftrag gegeben und niemals erobert wurde. *ul. Grodzisko 1, April–Okt. tgl. 9–18, Nov.–März 9–17 Uhr*

Touristeninformation: *ul. Okrzei 1, Tel. 074/865 89 70, www.powiat.klodzko.pl*

ZIELE IN DER UMGEBUNG

Glatzer Bergland **[128–129 C–D5]** Rund um Glatz gibt es die größten Mineral- und Heilwasservorkommen Polens – fünf Kurorte liegen in allernächster Umgebung: Richtung Westen kurz hintereinander *Polanica Zdrój* **[129 D5]**, *Duszniki Zdrój (Bad Reinerz) und Kudowa Zdrój (Bad Kudowa)* **[128 C5]**. Polanicas Stolz im Frühsommer ist das Blütenmeer aus Rhododendren und Azaleen. Duszniki rühmt sich seines alljährlich in der ersten Augusthälfte stattfindenden Chopin-Festivals. Kudowa schließlich ruft mit seinen schönen Parkanlagen und den repräsentativen Villen aus dem 19. Jh. die einstige aristokratische Atmosphäre wach. Seit 2002 verfügt der Ort über eine besondere Attraktion: ein Hallenbad mit Aquapark, Sauna und Riesenrutsche. Informationen: *Polanica Zdrój, ul. Zdrojowa 13, Tel. 074/868 24 44, info@polanica.pl. Duszniki Zdrój, Rynek 9, Tel. 074/866 94 13. Kudowa Zdrój, ul. Zdrojowa 44, Tel. 074/866 13 87.* Informationen über das Glatzer Bergland auch bei *www.glatzer-bergland.de.*

Übernachten können Sie im ruhigen *Hotel Dworek Leśny,* 3 km vom Zentrum entfernt, möglich mit Selbstverpflegung, *10 Zi., Kudowa Zdrój, ul. 1. maja 78, Tel. 074/866 47 00,* **€**; oder im *Akacja*, einer vollständig renovierten Jugendstilvilla in der Stadtmitte, *21 Zi., Kudowa Zdrój, ul. Kombatantów 5, Tel./Fax 074/866 27 12,* **€**. Zum Essen empfiehlt sich das Restaurant *Zagroda w starym Młynie* in einer denkmalgeschützten alten Mühle. 200 m neben der Hauptstraße E 8. *Tgl., Kudowa Zdrój, ul. Fredry 10, Tel. 074/866 36 01,* **€€**

OPOLE (OPPELN)

[123 D4] Die Hauptstadt der Wojewodschaft (128 000 Ew.) hat ih-

Irgendwie italienisch wirkt der Turm des Rathauses von Oppeln

ren Namen vom altslawischen Stamm der Opolanen. Das *Rathaus* auf dem Marktplatz ist dem Palazzo Vecchio in Florenz nachempfunden; an den barocken *Bürgerhäusern* sehen Sie rundum die für Oppeln typischen abgerundeten Erker. In der *Franziskaneranlage* (Kloster und Kirche aus dem 14. Jh.) befindet sich ein Mausoleum für die Piastenbrüder Bolko I. und II., im *Dom (Kościół Św. Krzyża)* die Grabplatte des letzten Oppelner Piastenfürsten Jan II. Im *Freilichtmuseum* an der Ausfahrtsstraße nach Breslau wurden auf 10 ha zahlreiche Objekte dörflicher Baukunst aufgestellt, darunter eine Holzkirche aus Gręboszów von 1613. *ul. Wrocławska 174, Mitte April–Mitte Okt. tgl. 10–18 Uhr, www.uni.opole.pl/mwo*

Touristenbüro: *ul. Krakowska 15, Tel. 077/451 19 87, Fax 451 18 61, Mo–Fr 10–17, Sa 10 bis 13 Uhr.* Übernachten können Sie im *Hotel Festival, 40 Zi., ul. Oleska 86, Tel. 077/455 60 11, Fax 455 60 17, www.festival.com.pl,* €€

ZIELE IN DER UMGEBUNG

Brzeg (Brieg) **[129 F3]**

Einst schufen die Herzöge Friedrich II. und Georg II. ein Schloss, das als das reichste Beispiel der Renaissance in Schlesien galt. Ein Teil der Schlossflügel steht noch, sehenswert ist vor allem der Innenhof mit drei (von ehemals vier) reich gegliederten Fassaden und der Torbogen mit vollplastischen Figuren des Bauherrn und seiner Frau. Interessant sind auch das *Rathaus,* die barocke *Pfarrkirche* und das *Museum der schlesischen Piastengeschichte (Mi 10–18, Do–So 10–16 Uhr).* Schloss und der gleichnamige Ort (36 000 Ew.) liegen 45 km nordwestlich von Oppeln.

Góra Świętej Anny (Annaberg) **[123 E4]**

★ Bei schönem Wetter ist der Annaberg sogar von Oppeln (30 km südlich) aus zu sehen: Die von den Franziskanern (1733–49) errichtete Klosterkirche steht auf der mit 411 m höchsten Erhebung in der flachen Oderebene. Seit dem 18. Jh. pilgern Zehntausende zu diesem Wallfahrtsort, der 1921 Schauplatz des dritten schlesischen Aufstands gegen das Deutsche Reich wurde und heute ein *Museum* beherbergt, das die Geschichte des polnischen Schlesiens ausführlich dokumentiert *(Di–Fr 9–15 Uhr, Sa 9–12 Uhr).*

Barock: St. Peter und Paul in Neiße

Nysa (Neiße) **[129 F5]**
Im Stadtzentrum der etwa 60 km westlich von Oppeln liegenden Stadt (46 000 Ew.) fällt sofort die spätgotische Hallenkirche *St. Jakobus* ins Auge. Nach starken Beschädigungen im Zweiten Weltkrieg wurde sie 1956–60 wieder aufgebaut. Sehenswert sind ferner das alte Jesuitengymnasium *Collegium Carolinum,* das *Waaghaus* am Ring, die spätbarocke *Peter-und-Paul-Kirche,* die evangelische Kirche *St. Barbara* und die Reste der mittelalterlichen *Stadtbefestigung.* Auf dem *Jerusalemer Friedhof* ist der Dichter Joseph Freiherr von Eichendorff (1788–1857) beigesetzt.

RIESENGEBIRGE

[128 A–B 3–4] Das Riesengebirge *(Karkonosze)* ist die Heimat des sagenumwobenen Berggeists Rübezahl, den der Maler Moritz von Schwind als wilde Gestalt mit Kapuzenmantel und starr vorgestrecktem Kinnbart festhielt. Eiszeit und Erosionen haben im Gebirge bizarre Felsgebilde geschaffen, die ihnen Namen wie »Wallfahrer«, »Sonnenblume« oder »Pferdeköpfe« einbrachten. Die zentrale Erhebung dieses landschaftlich schönsten und höchsten Teils der Sudeten ist die *Schneekoppe* (1602 m). Auf dem Kamm verläuft die polnisch-tschechische Staatsgrenze. Einige der schönsten Teile des Gebirges, insgesamt 55,6 km², sind als Nationalpark geschützt *(Karkonoski Park Narodowy).* Leider haben Westwinde einen großen Teil des Baumbestands durch sauren Regen zerstört. Ausführlich berichtet der MARCO POLO Band »Riesengebirge«.

Insider Tipp

ZIELE IM RIESENGEBIRGE

Jagniątków (Agnetendorf) **[128 A3]**
Die Attraktion des kleinen Dorfs ist *Haus Wiesenstein.* Gerhart Hauptmann ließ sich dieses burgähnliche Gebäude im Jugendstil erbauen, um hier ab 1902 zu leben. Der Autor der »Weber« und von »Hanneles Himmelfahrt« verließ Wiesenstein nicht einmal, als am 9. Mai 1945 die russischen Truppen einrückten, und lebte hier bis zu seinem Tod am 6. Juni 1946. Über Leben und Werk des Nobelpreisträgers informiert ein *Museum (ul. Michałowicka 32, Di–So 9–16 Uhr, www.dom-gerharta-hauptmanna.pl).*

Karpacz (Krummhübel) **[128 B3]**
Karpacz (5000 Ew.) am Fuß der Schneekoppe war einst eine Siedlung von Holzfällern, Teerbrennern und so genannten Laboranten – Laienapothekern, die den Kräuterreichtum der Gegend zur Herstellung von Arzneien nutzten. Heute bildet Karpacz mit Szklarska Poręba das Touristenzentrum im Riesengebirge. Ein 2,3 km langer Sessellift führt zur *Kleinen Koppe* (von dort Aufstieg zur Schneekoppe).

Am besten nähert man sich über den Ortsteil *Karpacz-Górny (Brückenberg):* Gleich am Ortseingang verweisen große Schilder auf die *Kirche Wang.* Als dieses Gotteshaus in Norwegen wegen Baufälligkeit abgerissen werden sollte, kaufte Friedrich Wilhelm IV. das mit zahlreichen Holzschnitzereien verzierte Kleinod der skandinavischen Holzbaukunst, ließ es abtragen, in Karpacz wieder aufbauen und 1844 feierlich einweihen *(tgl. 9–17 Uhr, im Sommer bis 18 Uhr).* Noch heu-

Insider Tipp

te dient es der evangelischen Gemeinde für ihre Gottesdienste.

Als Attraktion mitten im Ort lockt eine Sommerrodelbahn von 1060 m Länge mit zwei Tunneln – geöffnet von 10 Uhr bis zur Dämmerung. *ul. Parkowa 10, www.kolorowa.pl*

Unterkunft in dem kleinen Hotel *Promyk, 10 Zi., ul. Obronców Pokoju 7a, Tel. 075/761 61 96, Fax 761 61 97,* Restaurant mit polnischen und thailändischen Gerichten, €€. Elegant schlafen Sie im *Hotel Rezydencja, 60 Zi., ul. Parkowa 6, Tel. 075/761 80 20, recepcja@hotelrezydencja.pl, €€.*

Auskunft im *Informationszentrum, ul. Konstytucji 3 maja 25a, Tel. 075/761 86 05, Fax 761 97 16, www.karpacz.com.pl*

Śnieżka (Schneekoppe) **[128 B4]**

Die Schneekoppe ragt 250 m über den Riesengebirgskamm. Auf der kahlen, granitenen Spitze befinden sich eine Kapelle (1668–81 erbaut), ein neues Restaurant und eine Wetterstation. Bei klarem Himmel hat man von hier eine Sicht bis Breslau (99 km) und Prag (121 km). Das Klima ist rau – die Jahresdurchschnittstemperatur beträgt gerade einmal 0,1 Grad, und oft hängt Nebel in den Bergen.

Szklarska Poręba (Schreiberhau) **[128 A3]**

Der weit verzweigte Kurort (8400 Ew.) zieht sich in viele Seitentäler des Zacken bis hinauf zum Kamm. Ursprünglich als Glasmachersiedlung entstanden – 1842 gründete Graf Leopold Schaffgotsch die *Josephinenhütte*, die sich zur bedeutendsten Kunstglashütte Schlesiens entwickelte –, lebt der Ort heute vor allem vom Tourismus.

Der Sessellift *(9–16 Uhr, 30 Zł.)* führt von der Talstation im Ortsteil *Marysin (Mariental)* in 20 Minuten auf die *Szrenica (Reifträger)* – eine in der Regel sehr windige Angelegenheit in 1362 m Höhe, die einen schönen Blick auf das tschechische wie polnische Riesengebirge bietet. Wer will, kann in der Baude *Szrenica* nicht nur herzhaft essen, sondern sogar übernachten *(Tel. 075/752 60 11, Fax 752 32 00, €).* Zurück in der Talstation bietet sich noch ein 30 Minuten langer Fußweg zum *Wodospad Kamienczyk (Zackelfall)* an, einem Wasserfall, der 27 m herabstürzt.

Eine originelle Übernachtungsmöglichkeit bietet das *Norweski Dworek*, ein Landhaus aus Holz mit Freizeitangeboten für Sommer und Winter, *3 Zi., ul. Kopernika 7, Tel. 075/717 47 29, €.* Empfehlenswert sind außerdem das Hotel *Sasanka, 48 Zi., ul. Słowackiego 4, Tel. 075/752 80 00, Fax 717 36 80, www.e-riesengebirge.de, €;* und die Pension *Orla Skała, 20 Zi., ul. Orla Skała 2, Tel. 075/717 34 02, www.orlaskala.com, €.*

Touristenbüro: *ul. Jedności Narodowej 3, Tel./Fax 075/717 24 49, it@szklarska-poreba.pl*

WROCŁAW (BRESLAU)

[129 E2] Breslau mit seinen über 640 000 Ew. liegt westlicher als Warschau: Das beweisen nicht nur die Avantgardekunst des schon legendären Theaterregisseurs Jerzy Grotowski und die Pantomime von Henryk Tomaszewski. In Breslau finden auch alljährlich Jazzfestivals

Breslau ist das wirtschaftliche und kulturelle Zentrum Schlesiens

statt (im Mai), und hier gab es schon Happenings, als der humorlose Kommunismus regierte. Hitler hatte die Stadt zur Festung erklären lassen. Als Breslau am 6. Mai 1945 kapitulierte, waren Zehntausende von Soldaten und Zivilisten getötet worden und 70 Prozent der Stadt zerstört.

Heute zählt die Stadt wieder genauso viele Einwohner wie vor dem Krieg. Außer Krakau dürfte keine andere polnische Stadt einen so lebendigen und schönen Marktplatz haben wie Breslau.

SEHENSWERTES

Insider Tipp

Aula Leopoldina

In einem von Kaiser Leopold I. gestifteten Jesuitenkolleg wurde 1811 die *Universität* untergebracht. Der Eingang in den lang gestreckten Bau, dessen Fassade zur Oderseite 171 m lang ist, führt durch ein repräsentatives Barockportal. Im ersten Stock befindet sich Breslaus zweifellos schönster Saal – die *Aula Leopoldina* mit dem Deckengemälde des Olmützers Christoph Handke, das die Entstehung der Wissenschaften darstellt, und den Plastiken von Franz Mangold aus Böhmen, die den Stifter Leopold I. mit seinen beiden Söhnen zeigen.

Ostrów Tumski

Die seit dem 19. Jh. versandete Dominsel ist die Keimzelle Breslaus, auf der im 9. und 10. Jh. eine slawische Wehrsiedlung entstand. Heute befindet sich hier eine Reihe von Sakralbauten. Gleich hinter der Dombrücke steht linker Hand die gotische *Peter-und-Paul-Kirche* aus dem 15. Jh. Rechter Hand die ebenfalls gotische *Heiligkreuz-Kirche* mit zwei Ebenen: unten die dreischiffige Basilika *St. Bartholomei,* in der heute griechisch-katholische Gottesdienste stattfinden, oben eine *Hallenkirche,* an deren Nordwand ein frühgotisches Tympanon den Stifter Heinrich IV. und seine Ehefrau Mechthild zeigt. In südöstlicher Richtung liegt der mächtige *Dom,* dessen Hochaltar ein Werk aus der Schule von Veit Stoß ist.

Rynek (Marktplatz)

★ Der Mittelpunkt des Platzes ist das gotische *Rathaus*, das unverwechselbare Wahrzeichen der Stadt und eines der wertvollsten Baudenkmäler im ganzen Land. Die alten *Patrizierhäuser* rund um den Ring und den im Südwesten angrenzenden *Plac Solny* wurden nach Vorlagen von 1800 rekonstruiert. Nach Renovierungsarbeiten in den 90er-Jahren hat sich der Marktplatz mit den umliegenden Straßen zu einem lebendigen Einkaufszentrum mit Straßencafés und Restaurants entwickelt.

Nur ein paar Straßen weiter entstand mit der *Galeria Dominikanska (pl. Dominikanski 3)* eine große Einkaufsmeile mit Kulturprogramm.

Wyspa Piasek (Sandinsel)

Auf der von Oderarmen umflossenen Insel sollten Sie die *Universitätsbibliothek* besuchen, die im ehemaligen Kloster der Augustiner-Chorherren untergebracht ist, und die gotische *Hallenkirche Maria auf dem Sande* nicht versäumen: Sehenswert ist hier das romanische Tympanon aus dem 13. Jh.

MUSEEN

Muzeum Narodowe

Schlesische Kunst und Steinskulpturen aus Mittelalter und Neuzeit im Nationalmuseum. *pl. Powstańców Warszawy 5, Mi, Fr 10–16, Do 9–16, Sa, So 10–18 Uhr*

Panorama von Racławice

Das Monumentalgemälde (120 × 15 m) der Schlacht von Racławicka wurde wie viele andere Kunstwerke bei Kriegsende aus Lemberg hierher transportiert. Im Jahr 1894 entstanden, zeigt es den Kampf der polnischen Aufständischen zum Zeitpunkt der zweiten polnischen Teilung 1794 unter Führung von Tadeusz Kościuszko gegen das russische Besatzerheer. Die Rotunde wurde 1985 eigens für das Gemäldepanorama gebaut. *ul. Purkyniego 11, Di–So 10–16 Uhr*

ESSEN & TRINKEN

Bazylia

Große Auswahl polnischer Gerichte zu Billigpreisen. Mit Selbstbedienung. Schmackhaft! *Tgl., ul. Kuźnica 42,* €

Brauhaus Spiż

Im Rathauskeller. Gutbürgerliches Essen, selbst gebrautes Bier. Be-

Nomen est omen: Im Brauhaus Spiż gibt es selbst gebrautes Bier

rühmt seit dem 15. Jh. *Tgl., Rynek Ratusz 9, Tel. 071/344 72 25, €€*

Pod Gryfami
Das Kellerlokal am Markt bietet sehr gutes Essen im eleganten Kellergewölbe. Exzellent: die heiße Schokolade. *Tgl., Rynek 2, Tel. 071/343 79 27, €€*

Splendido
Geschätzt wegen seiner gehobenen spanisch-italienisch-französischen Küche. *Tgl., ul. Swidnicka 53, Tel. 071/343 95 55, €€–€€€*

ÜBERNACHTEN

Art-Hotel
Zentral in der Altstadt. An den Wochenenden gibt es Rabatte. *70 Zi., ul. Kiełbaśnicza 20, Tel. 071/342 42 49, Fax 342 39 29, www.arthotel.wroc.pl, €€€*

Radisson
Elegantes neues Hotel im Park, zentral, mit schönem Blick auf die Oder. *162 Zi., ul. Purkyniego 10, Tel. 071/375 00 00, Fax 375 00 10, www.radissonsas.com, €€–€€€*

Tumski
Renoviert, im ältesten Stadtteil an der Oder. *56 Zi., Wyspa Słodowa 10, Tel. 071/322 60 88, Fax 322 61 13, www.hotel-tumski.com.pl, €–€€*

AM ABEND

Wer intim in stilvoller und romantischer Umgebung plaudern möchte, der geht in die Teestube *K7-Siedem Kotów, tgl., ul. Kielbaśnicza 2.* Insider Tipp Liebhaber ernster Musik sollten das äußerst abwechslungsreiche Programm der *Philharmonie* studieren *(ul. Piłsudskiego 19, Tickets unter Tel. 071/342 24 59 und www.filharmonia.wroclaw.pl).*

Im *Klub WZ* gibt es vollen Sound zum Tanzen und mindestens zweimal monatlich Rockkonzerte live *(pl. Wolnosci 7)*; im *Klub PRL* finden Sie im nostalgischen Ambiente aus kommunistischen Zeiten polnische Musik aus den 50er- bis 70er-Jahren *(Rynek 10)*. Für Unentschiedene bietet die *Pasaż Niepolda* alles: von der Pianobar über Ethnomusik bis zum Jazz *(ul. Ruska 51)*.

AUSKUNFT

Fremdenverkehrsverein
Rynek 14, Mo–Fr 8–16, Sa 9–13 Uhr, Tel. 071/344 31 11, Fax 344 29 62, www.wroclaw.pl

ZIELE IN DER UMGEBUNG

Oleśnica (Oels) **[129 F2]**
30 km nordöstlich von Breslau liegt Oels (36 000 Ew.). Das schon vor 1300 gebaute *Schloss* wurde später im Renaissancestil neu errichtet und zählt heute zu den schönsten Schlössern in Schlesien. Sehenswert sind vor allem die spätgotische *Schlosskirche St. Johannes*, das *Rathaus* (mit Turm) und die barocke *St.-Trinitatis-Kirche*.

Trzebnica (Trebnitz) **[129 E1]**
In der 25 km nördlich von Breslau gelegenen Kleinstadt (9000 Ew.) ließ Herzog Heinrich der Bärtige auf Bitten seiner Gemahlin, Hedwig von Andechs-Meran, das erste Frauenkloster der Zisterzienser errichten (1224). Das Grab der schon 1267 heilig gesprochenen Hedwig wurde schnell zu einem der wichtigsten schlesischen Wallfahrtsorte.

Im Land der Schlösser und der Kunst

Im Osten ist die einstige Vielfalt der Kulturen immer noch zu spüren

Wer aus Posen oder Warschau nach Krakau kommt, fühlt sich in eine andere Welt versetzt. Noch immer lässt der Geist aus Habsburger Zeiten die Menschen das Leben anders betrachten als die Einwohner der ehemals russischen oder preußischen Teilungsgebiete. In Warschau wird Politik gemacht, in Posen wird gearbeitet – doch in Krakau regieren die schönen Künste und die Philosophie. Hier war Johannes Paul II. Erzbischof, bevor er zum Papst gewählt wurde. Hier nahmen sich die Schriftsteller Stanisław Lem, Czesław Miłosz und Sławomir Mrożek ihren Wohnsitz, als sie aus dem Ausland in die polnische Heimat zurückkehrten. Hier trifft man sich gern zum Plausch im Café, geht abends ins Konzert, Theater, Kabarett und genießt die architektonischen Schönheiten der Stadt und den Zauber der sie umgebenden Landschaft mit ihren Hochebenen und sanften Hügeln, um die andere Polen die Krakauer beneiden.

Erbaut aus dem Kalkstein der Umgebung und auch als Ruine noch imposant: die Burg Ogrodzieniec

Wenn die Sonne scheint …

KRAKÓW (KRAKAU)

Karte auf Seite 79

[124 B4] Krakau (745 000 Ew.) war fast sechs Jahrhunderte lang (1039–1596) polnische Hauptstadt. Zum Glück haben die Denkmäler, Museen und Tuchhallen den Zweiten Weltkrieg relativ unversehrt überstanden. Zwar litt die Bausubstanz im Sozialismus unter den Abgasen der Industriekombinate im Stadtteil Nowa Huta. Doch seit der Wende wurde gewaltig investiert. Heute ist Krakau zweifellos die schönste unter den polnischen Städten – heiter und mit südländischem Flair.

Diese Synagoge wurde nach dem gelehrten Rabbiner Remuh benannt

SEHENSWERTES

Insider Tipp

Kazimierz [79 C4]

In dem alten jüdischen Viertel südöstlich vom Wawelberg drehte Steven Spielberg seinen berühmten Film »Schindlers Liste«. Bis 1939 lebten in Kazimierz die Armen und Orthodoxen unter den Juden. Das lebendige Zentrum des Viertels liegt in der *ul. Szeroka*. An ihrem Südende steht die älteste Synagoge Polens – heute ist hier das *Jüdische Museum* untergebracht *(Mi, Do, Sa, So 9–15.30 Uhr, Fr 11–18 Uhr)*. In der *Remuh-Synagoge* aus dem Jahr 1557 finden Gottesdienste statt *(ul. Szeroka 40, Mo–Fr 9–16 Uhr)*, in der restaurierten *Izaak-Synagoge* zeigt ein Film das jüdische Leben vor der Vernichtung *(ul. Kupa 19, So–Fr 9–19 Uhr)*. Interessante Veranstaltungen und Ausstellungen im *Zentrum der jüdischen Kultur, ul. Rabina Meiselsa 17, Tel. 012/423 55 95.*

Königsweg [79 B–C2]

Auf dem Wawel-Berg beginnt die »Trasse der Könige«: durch die *ul. Grodzka*, über den *Marktplatz*, weiter durch die *ul. Floriańska* bis hin zur *Barbakane*, dem Verteidigungsturm in der Stadtmauer. Die ungewöhnliche, weil im Jugendstil gehaltene Ausgestaltung der *Franziskanerkirche* aus dem 13. Jh. *(ul. Grodzka/ul. Franziskańska)* wurde vom Maler und Schriftsteller Stanisław Wyspiański projektiert. In der *Floriańska Nr. 41* lebte der berühmteste polnische Historienmaler Jan Matejko. Das Haus ist heute ein *Museum (Di–So 9–15 Uhr)*.

Rynek Główny [79 B2]

★ Er gilt als größter mittelalterlicher Marktplatz in Europa – ein Quadrat mit 200 m langen Seiten. In den schmalen *Tuchhallen*, die zum Unesco-Welterbe gehören, wurde einst mit Tuch und Krämerartikeln gehandelt, heute können Sie hier polnische Volkskunst kaufen. Rund um das *Adam-Mickiewicz-Denkmal* findet im Dezember der Wettbewerb »Krakauer Weihnachtskrippen« statt. Die Miniaturausgaben von Baudenkmälern der Stadt aus Papier und Folie erreichen manchmal eine Höhe von 2 m. Sehenswert ein spätgotisches Meisterwerk in der *Marienkathedrale* (erbaut im 14. Jh.): der holzgeschnitzte *Marientod-Altar* des Württembergers Veit Stoß.

Wawel [79 B3–4]

Auf der Wawel-Anhöhe lag zu Zeiten der Piasten und Jagiellonen die Residenz der Könige, die Stätte ihrer Krönung und Beisetzung: das Königsschloss und die Kathedrale. Vom Innenteil des *Schlosses*, einem schönen Arkadenhof, gelangen Sie in die königlichen Räume, die heute Kunstsammlungen beherbergen – flämische Gobelins, Porzellan und die Kriegsbeute des Königs Jan Sobieski aus seinem Feldzug 1683 gegen die Türken vor Wien.

In der *Kathedrale* mit ihren vielen kleinen Kapellen wurden fast alle polnischen Könige beerdigt. Daneben fanden auch die beiden großen Nationaldichter Adam Mickiewicz und Juliusz Słowacki sowie die berühmten Heerführer Józef Poniatowski, Tadeusz Kościuszko und Józef Piłsudski hier ihre letzte Ruhestätte. Vom gotischen Sigismund-Turm haben Sie einen schönen Ausblick auf Krakau. *Mo–Sa 9–15, So 12–15 Uhr, Museum Di–So 10–15 Uhr*

MUSEEN

Muzeum Czartoryskich-Arsenal **[79 B2]**
Mittelalterlicher Schmuck und in der hervorragenden Gemäldegalerie die »Dame mit Hermelin« von Leonardo da Vinci. *ul. Św. Jana 19, Di bis Do, Sa, So 10–15, Fr 9–16.30 Uhr*

Muzeum Etnograficzne **[79 C4]**
Im Volkskundemuseum finden Sie Volksmalerei und die berühmten Krakauer Weihnachtskrippen. *pl. Wolnica 1, Mo 10–18, Mi–Fr 10 bis 15, Sa, So 10–14 Uhr*

Muzeum Narodowe, Sukiennice **[79 B2]**
Die *Galerie in den Tuchhallen* zeigt polnische Malerei aus dem 18. und 19. Jh., dazu große Historienbilder. *Rynek Główny 3, Di, Do 10–18, Mi, Fr–So 10–15.30 Uhr*

Marco Polo Highlights »Von Krakau bis Przemyśl«

★ **Rynek Główny**
Krakaus Markt gilt als als schönster Polens und als größter mittelalterlicher in Europa (Seite 76)

★ **Zamość**
Eine nahezu vollständig erhaltene Renaissancestadt, erbaut nach den Plänen eines Italieners (Seite 89)

★ **Oświęcim (Auschwitz)**
Mahnmal des Grauens: das größte aller Konzentrationslager (Seite 81)

★ **Wieliczka**
Ein Spaziergang durch die Unterwelt eines ehemaligen Salzbergwerks (Seite 82)

★ **Ikone der Schwarzen Madonna**
Die Mutter Gottes auf dem Berg Jasna Góra in Tschenstochau (Seite 81)

★ **Łańcut**
In einem herrlichen Landschaftspark steht die klassizistische Magnatenresidenz des Grafen Potocki (Seite 86)

Heutzutage kann man in den Tuchhallen am Krakauer Markplatz shoppen

Muzeum Stanisława Wyspiańskiego [79 B3]
Krakau ohne Stanisław Wyspiański wäre wie Wien ohne Gustav Klimt. Seit 2004 sind Leben und Werk des so vielseitigen Künstlers in der *ul. Szczepańska 11* zu bewundern. *Di–So 10–15.30 Uhr*

ESSEN & TRINKEN

Alef [79 C4]
Zurückversetzt in die Vergangenheit: jüdische (nicht koschere) Gerichte und antike Möbel unter alten Ölgemälden. *Tgl., ul. Szeroka 17, Tel. 012/421 38 70,* **€€**

Chłopskie Jadło [79 B2]
Uriges Lokal nach Art einer Bauernkate mit ausgezeichneter polnischer Hausmannskost. *Tgl., ul. Św. Jana 3, Tel. 012/429 51 57,* **€– €€**

Cyrano de Bergerac [79 B2]
Gobelins und Kerzenlicht zu französischem Wein und französischen Delikatessen. Eine der ersten Adressen am Ort. *So Ruhetag, ul. Sławkowska 26, Tel. 012/411 72 88,* **€€€**

Kuchnia i Wino [79 C4]
Unprätentiös, klein, gute Bedienung: mediterranes Essen am offenen Kamin. *Tgl., ul. Józefa 13, Tel. 012/421 77 36,* **€– €€**

Pod Aniołami [79 B3]
Ausgezeichnete polnische Küche in rustikalem Keller. *Tgl., ul. Grodzka 35, Tel. 012/421 39 99,* **€€**

Für den kleinen Hunger zwischendurch: die wunderbaren Apfel- und Cremestückchen (»Szarlotka« und »Kremówka«) von der Bäckerei *Mi-*

Insider Tipp

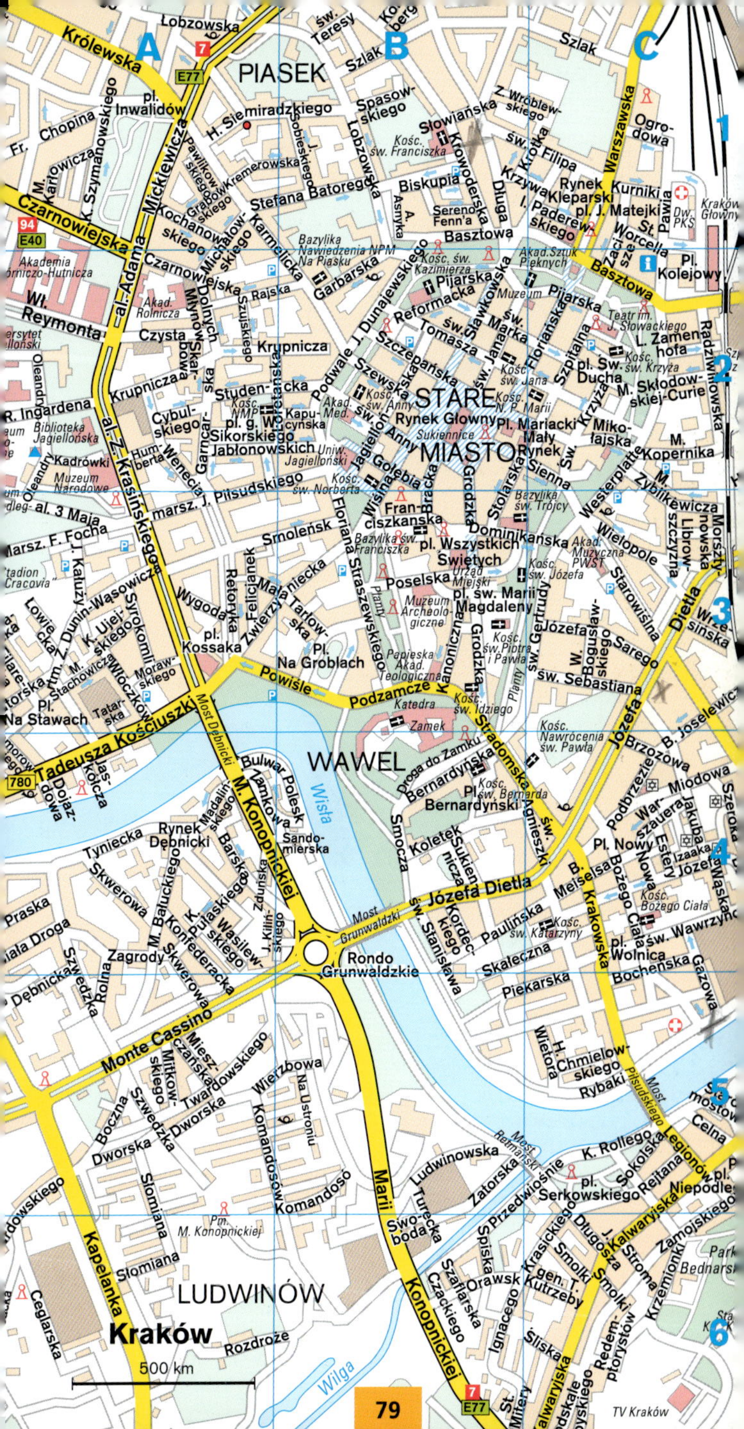
A
B
C
1
2
3
4
5
6
PIASEK
STARE MIASTO
WAWEL
LUDWINÓW
Kraków
500 km
Królewska
Łobzowska
Teresy
Szlak
Warszawska
Ogrodowa
Pl. Inwalidów
H. Siemiradzkiego
Spasowskiego
Słowiańska
Z. Wróblewskiego
św. Filipa
Chopina
Karłowicza
Szymanowskiego
Mickiewicza
Pawlikowskiego
Kremerowska
Sobieskiego
Łobzowska
Kość. św. Franciszka
Krowoderska
Biskupia
Długa
Kotlarska
Krzywa
Rynek Kleparski
Kurniki
Pawia
pl. J. Matejki
I. Paderewskiego
Czarnowiejska
Grabowskiego
Kochanowskiego
Michałowskiego
Stefana Batorego
Asnyka
Sereno Fenn'a
Basztowa
Zacisze
St. Worcella
Dw. PKS
Kraków Główny
Pl. Kolejowy
Akademia Górniczo-Hutnicza
al. Adama
Karmelicka
Bazylika Nawiedzenia NPM Na Piasku
Garbarska
Dunajewskiego
Kość. św. Kazimierza
Akad. Sztuk Pięknych
Basztowa
Wł. Reymonta
Akad. Rolnicza
Rajska
Pijarska
Reformacka
Muzeum
Sławkowska
św. Marka
Floriańska
Pijarska
Teatr im. J. Słowackiego
Czysta
Skarbowa
Dolnych Młynów
Szujskiego
Krupnicza
Tomasza
św. Jana
Szpitalna
L. Zamenhofa
Radziwiłłowska
Oleandry
Krupnicza
Studencka
Podwale
Szczepańska
Kość. św. Jana
Kość. św. Krzyża
pl. Św. Ducha
R. Ingardena
Biblioteka Jagiellońska
Cybulskiego
Garncarska
Kość. NMP
pl. gen. W. Sikorskiego
Kapucyńska
Akad. Med.
Szewska
Kość. św. Anny
STARE
Kość. N. P. Marii
Rynek Główny
pl. Mariacki
M. Skłodowskiej-Curie
Kadrówki
Humberta
Wenecja
Jabłonowskich
Uniw. Jagielloński
św. Anny
Jagiellońska
Sukiennice
MIASTO
Mały Rynek
Mikołajska
M. Kopernika
Muzeum Narodowe
Gołębia
Kość. św. Norberta
Wiślna
Bracka
Grodzka
Stolarska
Sienna
Westerplatte
M. Zyblikiewicza
al. 3 Maja
marsz. J. Piłsudskiego
Franciszkańska
Bazylika św. Trójcy
Dominikańska
Librowszczyzna
Morsztynowska
Marsz. F. Focha
Smoleńsk
Bazylika św. Franciszka
pl. Wszystkich Świętych
Akad. Muzyczna PWST
Wielopole
J. Kałuży
Stadion „Cracovia”
Felicjanek
Retoryka
Floriana Straszewskiego
Poselska
Urząd Miejski
Kość. św. Józefa
Starowiślna
Wygoda
Z. Dunin-Wąsowicza
Syrokomli
Zwierzyniecka
Tarłowska
Muzeum Archeologiczne
pl. św. Marii Magdaleny
Grodzka
św. Gertrudy
Józefa
Bogusławskiego
Sarego
Dietla
Wrzesińska
Lowiecka
K. Ujejskiego
pl. Kossaka
Pl. Na Groblach
Kanonicza
Kość. św. Piotra i Pawła
Planty
św. Sebastiana
rtm. Z. Stachowicza
Włóczków
Morawskiego
Powiśle
Papieska Akad. Teologiczna
Podzamcze
Pl. Na Stawach
Tatarska
Most Dębnicki
Katedra
Kość. św. Idziego
Stradomska
B. Joselewicza
Zamek
Kość. Nawrócenia św. Pawła
Józefa
Tadeusza Kościuszki
Bulwar Poleski
WAWEL
Droga do Zamku
Brzozowa
Miodowa
Szeroka
780
Dojazdowa
Jasnej Kościelna
Zamkowa
Wisła
Bernardyńska
Kość. św. Bernarda
Pl. Bernardyński
św. Agnieszki
Podbrzezie
Warszauera
Jakuba
Tyniecka
Rynek Dębnicki
Madalińskiego
Barska
M. Konopnickiej
Sandomierska
Smocza
Koletek
Sukiennicza
Pl. Nowy
Estery
Izaaka
Józefa
Wąska
Praska
Skwerowa
Zduńska
Most Grunwaldzki
Józefa Dietla
Meiselsa
Bożego Ciała
Nowa
Kość. Bożego Ciała
Biała Droga
M. Bałuckiego
K. Pułaskiego
Konfederacka
Wasilewskiego
J. Kilińskiego
Rondo Grunwaldzkie
Kordeckiego
św. Stanisława
Paulińska
Kość. św. Katarzyny
Krakowska
pl. Wolnica
św. Wawrzyńca
Bocheńska
Gazowa
Dębnicka
Szwedzka
Rolna
Zagrody
Skałeczna
Piekarska
Monte Cassino
Mieszczańska
H. Wietora
Chmielowskiego
Rybaki
Most Piłsudskiego
Mitkowskiego
Twardowskiego
Wierzbowa
Na Ustroniu
Boczna
Szwedzka
Dworska
Dworska
Komandosów
Ludwinowska
Most Retmański
K. Rollego
Sokolska
Celna
Legionów
Rejtana
Niepodległości
pl. Serkowskiego
Przedwiośnie
Zatorska
Komandosów
Słomiana
Turecka
Kapelanka
Pm. M. Konopnickiej
Marii
Swoboda
Spiska
Krasickiego
Długosza
Smolki
J. Stroma
Zamojskiego
Czackiego
Szafrańska
Orawska
gen. T. Kutrzeby
Smolki
Krzemionki
Park Bednarskiego
Słomiana
Ceglarska
Rozdroże
Ignacego
Śliska
Kalwaryjska
Redemptorystów
Konopnickiej
Wilga
St. Mitery
TV Kraków
E77
E40
94
7

chalscy am *pl. Dominikański 1* **[79 B3]** oder die Bagels von *Navara* in der *ul. Podbrzezie 2* **[79 C4]**.

ÜBERNACHTEN

Copernicus **[79 B3]**
Luxushotel mit Fresken an den Wänden und einer Dachterrasse mit Blick auf den Wawel. *29 Zi., ul. Kanonicza 16, Tel. 012/ 424 34 00, Fax 424 34 05, €€€*

Demel **[0]**
Ruhig, in der Nähe der Innenstadt. Mit Sauna und Schwimmbad. *62 Zi., ul. Głowackiego 22, Tel. 012/ 636 16 00, Fax 636 45 43, www.demel.com.pl, €€*

Forum **[79 B5]**
Ein Betonklotz, aber mit herrlichem Blick auf den Wawel und die Weichsel. *210 Zi., ul. Konopnickiej 28, Tel. 012/261 92 12, Fax 269 00 80, €€€*

Globtroter **[79 B2]**
Kleines, gemütliches Gästehaus mit sehr freundlicher Bedienung in einem ruhigen Innenhof der Altstadt. *12 Zi., pl. Szczepański 7, Tel. 012/422 41 23, Fax 422 42 33, €*

Hotel Saski **[79 B2]**
Im Herzen der Stadt in einem Gebäude aus dem 15. Jh. Freundlich und erschwinglich. Mit altem Holzfahrstuhl. *60 Zi., ul. Sławkowska 3, Tel. 012/421 42 22, Fax 421 48 30, www.hotel-saski.com. pl, €– €€*

AM ABEND

Wer die Gorillas am Eingang durch seine Kleidung überzeugt, kann *Prozak* genießen, den besten Club der Stadt *(ul. Dominikańska 6, 16–2 Uhr)* **[79 B3]**. Ansonsten locken die Jazzlokale *Piec'Art (ul. Szewska 12, 15–24 Uhr)* **[79 B2]**, *Boogie Woogie* im Hollywood-Stil *(ul. Szpitalna 9)* **[79 C2]** und *U Muniaka (ul. Florianska 3)* **[79 C2]**, ebenso die Disko *Club 22 (Rynek Główny 22, 13–24 Uhr)* **[79 B2]**. In Kazimierz reicht die Palette vom gemütlichen *Klezmerhois (ul. Szeroka 6)* **[79 C4]** bis zum *Fshut,* der ersten Lounge Bar der Gegend *(ul. Szeroka 10)* **[79 C4]**. Für Freunde der Klassik empfiehlt sich die *Philharmonie (ul. Zwierżyniecka 1)* **[79 B3]**.

AUSKUNFT

Orbis **[79 B2]**
Rynek Główny 1/3, Tel. 012/ 428 36 00, Fax 421 30 36, www.krakow.pl

ZIELE IN DER UMGEBUNG

Czestochowa (Tschenstochau) **[123 F4]**
Tschenstochau ist der Ort Marias – der Mutter Gottes und der Mutter Polens. Die wundertätige Ikone auf dem Berg *Jasna Góra* stammt der Legende nach direkt von Lukas, tatsächlich aber kommt die Ikone wohl aus Italien – fast 1400 Jahre später. Ohne Maria – davon sind die Polen überzeugt – hätten die Paulinermönche 1655 die Kirche nicht gegen die schwedischen Ketzer verteidigen können; bis in die heutigen Tage pilgern jedes Jahr vom 1. bis 15. August Hunderttausende von Gläubigen zur ★ *Ikone der Schwarzen Madonna.*

Tschenstochau liegt 160 km von Krakau in Richtung Łódź. Über-

Das Eingangstor zu den Baracken des Lagers Auschwitz I

nachten können Sie im *Hotel Patria, 90 Zi., ul. Ks. Popieluszki 2, Tel. 034/324 70 01, patria@orbis.pl, €€*, oder im *Hotel Kmicic*, 24 km außerhalb in der Jura-Hochebene, malerisch zwischen Wasser und Wäldern *(38 Zi., Janów, Złoty Potok, Tel./Fax 034/327 80 64, www.hotel-kmicic.pl, €)*.

Ogrodzieniec **[123 F4]**

Auf dem höchsten Punkt der 30 km breiten Hochebene zwischen Krakau und Tschenstochau thront die märchenhafte Burg Ogrodzieniec. Im 16. Jh. von einem Krakauer Bankier errichtet, steht sie seit dem Überfall schwedischer Truppen 1702 als gespenstische Ruine.

Für Ausflüge in die Hochebene empfiehlt sich das *Hotel Ostaniec* in *Podlesice* bei Kroczyce am Naturreservat Góra Zborów, mit Sauna, Tennisplätzen, Reiten *(52 Zi., Tel. 034/315 50 01, Fax 315 20 40, www.ostaniec.com.pl, €)*.

Oświęcim (Auschwitz) **[124 A4]**

★ Rund 60 km westlich von Krakau ließ Hitler 1940 das größte Konzentrationslager des Zweiten Weltkriegs errichten. Ungefähr 1,3 Mio. Menschen, in der Mehrzahl Juden, wurden hier erschossen oder mit Zyklon B vergast, verscharrt oder in einem der fünf Krematorien verbrannt. Sowohl das große Stammlager *Auschwitz I* wie die später errichtete Außenstelle *Birkenau* sind heute Mahnmal und Gedenkstätte des Grauens. *Museum Auschwitz-Birkenau Dez. bis Feb. tgl. 8–15, März–Mai u. Sept. bis Nov. 8–17, Juni–Aug. 8–19 Uhr, Info-Tel. 033/844 81 02*

Pieniny **[124 B5]** Insider Tipp

In den Kalksteinfelsen des kleinen Pieniny-Gebirges (gut 130 km südöstlich von Krakau) zieht sich mit vielen Windungen entlang der Grenze zur Slowakei durch bis zu

300 m hohe Felswände der Fluss *Dunajec*. Einst wurden hier Güter auf Flößen transportiert, jetzt steuern Flößer in farbenfroher Folkloretracht Touristen durch die malerische Landschaft und machen die Tour von *Sromowce Wyżne* nach *Szczawnica* oder nach *Krościenko* (18 km in 2,5–3 Stunden) zu einem einmaligen Erlebnis. *Abfahrt hinter Sromowce Wyżne, Ende Mai–Okt. tgl. 8–16 Uhr, Tel. 018/262 97 21*

Wieliczka [124 B4]

★ Nur 13 km südöstlich von Krakau liegt eine der ältesten Salzgruben Europas, die heute Teil des Unesco-Welterbes ist. In 700 Jahren wurden hier fast 20 Mio. t Salz abgebaut. In 200 m Tiefe befindet sich ein *Sanatorium*, darüber ziehen sich Gänge und Kammern voll unheimlicher Kristallformen und die 50 m lange *Kapelle der seligen Kinga*, in der vom Kerzenhalter bis zum Altar alles aus Salz gemeißelt ist. Die Kavernen werden auch regelmäßig für Veranstaltungen aller Art genutzt. *ul. Daniłowicza 10, April–Okt. tgl. 7.30–19.30, Nov. bis März 8–16 Uhr*

Zakopane [124 B6]

Zakopane (30 000 Ew.), 100 km südlich von Krakau gelegen, ist Polens Hochgebirgsmetropole in der *Hohen Tatra*, dem höchsten Gebirgsstock der Karpaten. Die *Villa zu den Tannen (Pod Jedlami)* ist ein repräsentatives Beispiel für die filigrane Holzbauweise des vom Maler und Schriftsteller Stanisław Witkiewicz propagierten »Zakopane-Stils«. Kultur und Folklore der Bergbewohner, der Goralen, sind im *Tatra-Museum* zu besichtigen *(ul. Krupówki 10, Di–So 9–16 Uhr)*; die *Villa Atma* beherbergt ein Museum für den Komponisten Karol Szymanowski *(ul. Kasprusie 19, Di–So 9–16 Uhr)*.

Übernachten können Sie in Privatquartieren und im feinen *Hotel Litwor, 50 Zi., 5 Apt., ul. Kuprówki 40, Tel. 018/201 27 39, www.litwor.pl*, **€€€**. Gutes Essen gibt es im *Sopa, tgl., ul. Kościelska 52, Tel. 018/201 22 16*, **€–€€**.

Villen aus Holz verleihen Zakopane seine typische Atmosphäre

Wunderschön: Holzkirchen

Typisch für Südostpolen und zum Teil hervorragend restauriert

Es braucht etwas Mühe, aber es lohnt: Auf abgelegenen Wegen stoßen Sie in Südostpolen auf einzigartige Zeugnisse des orthodoxen Kulturkreises: teils verfallene, teils restaurierte Holzkirchen, die inzwischen von griechisch-katholischen, orthodoxen und katholischen Gemeinden genutzt werden. Am Ende des 15. Jhs. zählte man in ganz Polen etwa zehntausend, jetzt mögen es noch hundert sein. Ihre eigenwilligen Formen, Zwiebeltürme, vielfarbigen Wandmalereien und Ikonostasen vermitteln deutlich den Übergang zum östlichen Kulturkreis. Das größte und älteste orthodoxe Gotteshaus Polens in *Haczów* bei Krosno entstand im 14. Jh. – hier wird am 15. August jedes Jahres eine große Ablassfeier zelebriert. Ebenfalls sehenswert sind die orthodoxen Kirchen im Freilichtmuseum von *Sanok*, in *Czerteż* wenige Kilometer nordwestlich von Sanok, weiter südlich in *Turzańsk* und nördlich von Sanok im kleinen Ort *Ulucz* – alle Orte **[125 D5]**.

In südöstlicher Richtung führt von Zakopane eine sehr malerische Straße in den *Tatra-Nationalpark* mit dem 2499 m hohen *Rysy*, dem höchsten Berg Polens. Vom Parkplatz in *Dolina Kocielska* bringen Sie Pferdefuhrwerke regelmäßig zum Bergsee *Morskie Oko* auf knapp 1400 m Höhe, dem schönsten der mehr als 100 »Meeresaugen« der Tatra. *Touristeninfo: Tel. 018/201 22 11, Fax 206 60 51*

Zalipie [124 C4]

Viel zu wenig Beachtung findet die Volkskunst dieses »bemalten Dorfs«, 115 km nordöstlich von Krakau. Einer Sitte aus dem 19. Jh. folgend bemalen Frauen die Häuser während eines Wettbewerbs jedes Jahr im Juni mit bunten Blumenmotiven. Im Haus der Malerin Felicja Curyłowej (1904–74) ist ein *Museum* untergebracht.

SÜDOSTPOLEN

Südostpolen hat einen ganz eigentümlichen Zauber. Im Vergleich zum herben Norden mit seiner dunklen, ernsten Backsteingotik wirken die vielen Renaissance- und Barockbauten südlich-heiter und weltlich: In Zamość, Jarosław, Krasiczyn oder Łańcut können Sie Bürgerhäuser und Magnatenschlösser besichtigen. Sie präsentieren sich nicht überladen und Macht demonstrierend, sondern sind von geschmackvoller Schlichtheit.

Im Südosten kreuzten sich Kulturen und Religionen. Hier wohnten Polen, Ukrainer, Juden und – wie in Zamość – sogar Armenier. Hier standen katholische neben Gotteshäusern der Ostkirche und neben Synagogen, und in den größeren Städten kamen Zeitungen in

In den Ausläufern der Karpaten: Landwirtschaft mit einfachsten Mitteln

mehreren Sprachen heraus. Nur noch stumme Zeugen künden heute von der Vielfalt vergangener Zeiten. Die meisten Juden wurden im Zweiten Weltkrieg ermordet; die Ukrainer, die sich hier Lemken nennen, wurden nach dem Zweiten Weltkrieg entweder in die Ukraine umgesiedelt oder aber – 1947 in der berüchtigten »Aktion Weichsel« – in die neuen polnischen Westgebiete vertrieben. Heute ist der ehemalige Standort ihrer Siedlungen vielleicht noch an den Obstbäumen zu erkennen oder an den Grundmauern, wenn das Gras sie nicht überwuchert hat.

Der Osten war immer ärmer als der Westen. Sie spüren es an den Geschäften, den Restaurants und an den Hotels. In kleineren Orten gibt es häufig nur provisorische Übernachtungsmöglichkeiten. In Städten wie Zamość findet man inzwischen zwar auch einen gehobenen Standard, doch wer in das Bieszczady-Gebirge fährt, der muss sich teilweise auf einfache Erholungszentren und Jugendherbergen einstellen.

ZIELE IN SÜDOSTPOLEN

Bieszczady [125 E6] Insider Tipp

Die Bieszczady, der südöstlichste Zipfel Polens zwischen der Ukraine und der Slowakei, waren nach dem Krieg ein seltsam unberührtes, fast menschenleeres Gebiet. Die Einheimischen sprachen vom »Sibirien Polens«. Das Land ist sanft und wild zugleich. Die Berge, die hauptsächlich mit Buchen bewachsen sind, verfärben sich im Herbst flammend rot.

Nach der Umsiedlung der Ukrainer (1947) kehrte das Leben erst langsam in die Bieszczady zurück. Die Ersten, die kamen, waren Forstarbeiter und Strafgefangene. Sie bauten Straßen, Sägemühlen, Brücken und Geschäfte. Für die Zukunft setzen die lokalen Behörden bereits mit Erfolg auf den Tourismus. Große Teile des Gebiets sind zum Nationalpark erklärt, sodass die ursprüngliche Schönheit hoffentlich erhalten bleibt.

Sie können das Gebirge mit dem Auto fast kreisförmig durchfahren (120 km): von *Lesko* im Norden nach *Cisna* im Süden, weiter nach Südosten bis *Ustrzyki Górne* und zurück nach Norden über *Ustrzyki Dolne.* Sehr schöne Ausblicke haben Sie dabei nur wenige Kilometer hinter Cisna auf den *Smerek* (1222 m), kurz hinter Wetlina auf die *Połonina Caryńska* und das entfernte Massiv der Tarnica, ferner vom Durchbruch *Wyóżnianska* (nach der Ortschaft Brzegi Górne) auf die höchsten Bieszczady-Gipfel *Tarnica* und *Krzemień.*

Die Tour lässt sich an fast jedem Ort unterbrechen, um interessante Sehenswürdigkeiten zu besichtigen (etwa die *Synagoge* und den *jüdischen Friedhof* in *Lesko* oder die *griechisch-orthodoxen Kirchen* in *Baligród, Smolnik* und *Czarna Rzepedź, Bystre* und *Moczary*). Von *Ustrzyki Górne* führen Touren zur *Połonina Caryńska* (1297 m, 2,5 Stunden) und auf die *Tarnica* (1346 m) sowie den *Krzemień* (1335 m, 3 Stunden). Eine der schönsten Wanderungen führt von *Komańczy* im Norden nach *Wołosate* im Süden, ist rot ausgeschildert und 85 km lang.

In *Ustrzyki Dolne* befindet sich am Marktplatz das *Naturkundemuseum* des Bieszczady-Naturparks *(ul. Bełska 7, Di–Sa 9–17 Uhr).*

Information: *Ustrzyki Górne, Lutowiska 50, Tel. 013/461 10 91*

Übernachten können Sie in *Wętlina* in der Pension *Leśny Dwor, 9 Zi., Stare Sioło 73, Tel. 013/376 64 54,* €; im Erholungszentrum *Nafta-Gaz* in *Czarna* mit Schwimmbad, Sauna, Tennis, *35 Zi., Tel. 013/461 61 61,* €€; oder im renovierten Herrenhaus in *Dwór Wola Sękowa, Nowotaniec 106, Tel. 013/467 42 53,* €

Jarosław **[125 E4]**

Jarosław (41 700 Ew.) hatte Pech: Vom 15. bis 17. Jh. fanden hier berühmte Jahrmärkte statt, die zu den größten in Europa gehörten. Doch dann (1625) brach ein Feuer aus, zerstörte die Stadt und bewirkte den Niedergang des Handelszentrums. Aber auch was danach wieder entstand, ist wunderschön: das prächtige *Patrizierhaus* der Bankiersfamilie Orsetti an der Südseite des Marktplatzes *(Nr. 4, heute Regionalmuseum);* das *Rathaus* in der Mitte des Rings mit den Spuren verschiedener Stile; *Kirche und Kloster der Dominikaner* und nicht zuletzt die *Benediktinerabtei,* die unter Hitler'scher Besatzung als Gefängnis diente. Wer Interesse hat, kann Jarosław auch unterirdisch erkunden: 150 m der einsturzgefährdeten Gänge unter der Altstadt sind begehbar *(Eingang vom Markt Nr. 16).*

Komańcza **[125 D6]**

Im Dorf Komańcza steht eine von drei noch erhaltenen unierten (griechisch-katholischen) Holzkirchen, wie sie die Lemken, die westukrainische Volksgruppe in den Beskiden, kannten: die *Kapelle der Schützenden Mutter Gottes,* erbaut 1802, mit einer Ikonostase (einer dreitürigen Bilderwand) von 1832. Dieses Gotteshaus beherbergt auch ein kleines *Lemken-Museum (Öffnung bei Bedarf).* Insider Tipp

Krasiczyn **[125 E5]**

10 km westlich von Przemyśl liegt die manieristische *Magnatenresi-*

denz des Wojewoden Marcin Krasicki: eine große, fast quadratische Anlage (70 m Seitenlänge) mit vier zylindrischen Basteien an den Ecken. Das Schloss wurde in den letzten Jahrzehnten umfangreich restauriert. Übernachtungsmöglichkeit im Hotel *Zamkowy, 13 Zi., Tel. 016/671 83 21, €€.*

Krosno **[125 D5]**

Krosno (47 000 Ew.) ist eine Stadt der Glasindustrie und des Erdöls: Der Erfinder der Petroleumlampe, Ignacy Łukasiewicz, setzte in *Bóbrka* (13 km südlich) 1854 die erste Förderanlage in Betrieb. Heute dient sie als Ausstellungsstück, denn auf dem Gelände wurde ein *Freilichtmuseum* eingerichtet.

In Krosno ist die Altstadt besichtigenswert: die *Häuser am Markt* (16.–18. Jh.) mit ihren Bogengängen, die *Pfarrkirche* mit der gotischen Innenmalerei und die *Franziskanerkirche* mit der Grabkapelle der Familie Oświęcim, von der die Geschichte über die unglückliche Liebe zwischen den Geschwistern Stanisław und Anna zu berichten weiß. Übernachten könen Sie in dem renovierten Hotel *Krosno, 50 Zi., ul. Lwowska 21, Tel. 013/436 62 12, Fax 436 87 31, €€. Touristeninformation: ul. Pużaka 49, Tel. 013/432 77 07*

Łańcut **[125 D4]**

★ Łańcuts (17 000 Ew.) Attraktion ist eine in einem großen englischen Park gelegene *Magnatenresidenz* aus dem 17. Jh. Ursprünglich gehörte sie der Familie Lubomirski, später ging sie in den Besitz der Grafen Potocki über, und heute ist sie ein *Museum:* Hier kann man bestaunen, wie der polnische Adel lebte. Besonders schön: das Spiegelkabinett und der Säulensaal im 1. Stock, die Skulpturengalerie und der große, über zwei Geschosse reichende Ballsaal.

In einem Nebengebäude des Schlosses besteht eine Übernachtungsmöglichkeit im Hotel *Zamkowy, 7 Zi., Tel. 017/222 26 71, €.*

Interessant ist auch das etwas südlich vom Schloss gelegene *Kutschenmuseum* (von 1929) mit über 50 schönen Gefährten aus dem 18. und 19. Jh. *Di–So 9–14.30 Uhr*

Über das berühmte, alljährlich im Mai stattfindende *Musikfestival* erteilt das Konzertbüro Auskunft, *Tel. 017/862 23 33.*

Leżajsk **[125 E4]**

Der Komplex der *Kirche Mariä Verkündung* und des *Bernhardinerklosters* im Städtchen Leżajsk (13 000 Ew.) wäre nur halb so interessant, wenn die *Orgel* nicht wäre – mit die schönste in Polen (17. Jh.). Neben der dreiteiligen Hauptorgel finden Sie noch zusätzliche Pfeifen an den Schiffspfeilern. Führungen werden von den Nonnen organisiert, und wenn genügend Besucher beisammen sind, lässt sich der Organist auch zu einem kleinen Konzert bitten.

Einzigartig nicht nur in Polen ist die Pilgerfahrt von Tausenden orthodoxer Juden aus aller Welt zum *Grab des Wunderrabbiners Elimelech* am 21. Adar (Mitte März). *Schlüssel zur Grabstätte bei Krystyna Kiersnowska, ul. Górna 12, Tel. 017/242 12 65*

Lublin **[125 E2]**

Die größte polnische Stadt östlich der Weichsel hat 310 000 Ew. Hinter dem Krakauer Tor führt die *Bra-*

mowa-Straße zum Marktplatz der Altstadt. Beherrscht vom klassizistisch umgebauten Rathaus, bietet der Platz auch prächtige Bürgerhäuser und das *Dominikanerkloster* im Renaissancestil. Südlich vom Markt steht die *Kathedrale* mit ihren spätbarocken Fresken und der »Flüstersakristei«, in der sich sogar der kleinste Laut überträgt.

Das *Schloss* von Kazimierz Jagiełło wurde nach der Zerstörung um die Wende vom 18. zum 19. Jh. im neogotischen Stil wieder aufgebaut und dient seitdem als Gefängnis. Den zweifellos wertvollsten Teil bildet die *Schlosskapelle,* dokumentiert sie doch wie kein anderes Gotteshaus in Polen die (kurze) Symbiose von gotischer Architektur und russisch-byzantinischer Malerei vom Anfang des 15. Jhs. Nach den 1997 beendeten Restaurationsarbeiten erstrahlen die alten farbenprächtigen Fresken in neuem Glanz.

In Lublin residiert die katholische Universität KUL, die einzige kirchliche Hochschule in Osteuropa, die der Kommunismus nicht auflösen konnte. Außerhalb der Altstadt befindet sich die *Krakowskie Przedmieście,* die Hauptstraße des modernen Lublin, mit prunkvollen alten Adelspalästen, die nun der Universität gehören oder als Luxushotels umgebaut sind wie das *Grand Hotel Lublinianka, 59 Zi., ul. Krakowskie Przedmiescie 56, Tel. 081/446 61 00, Fax 446 62 00, grandhotel@lublinianka.com,* **€€€**. Billiger ist es im *Dom Nauczyciela* in der Nähe der Katholischen Universität, *ul. Akademicka 4, 36 Zi., Tel. 081/533 82 85,* **€**.

Unter den vielen Restaurants und Cafés ist besonders zu nennen: *Złoty Osioł, tgl., ul. Grodzka 5a, Tel. 081/532 90 42,* mit schönem Innenhof und gutem Essen, **€€**.

Touristeninformation: *Krakowskie Przedmieście 78, Tel. 081/532 44 12, Mo–Fr 9–17, Sa 10–14 Uhr*

Przemyśl **[125 E5]**

Manchem polnischen Katholiken fällt es offensichtlich schwer, ein wenig jener Vielfalt wieder zuzulassen, wie sie vor dem Krieg existierte: Dreieinhalb Monate hielten Gläubige 1991 die Karmeliterkirche in Przemyśl besetzt, um ihre Rückgabe an die griechisch-katholische Glaubensgemeinde zu verhindern – dabei hatte sie den Ukrainern 150 Jahre lang bis zum Ausbruch des Zweiten Weltkriegs gehört. Und sogar Papst Johannes Paul II. kapitulierte vor der Unnachgiebigkeit seiner Gläubigen und wies den ungeliebten Glaubensbrüdern ersatzweise die Garnisonskirche zu. Einen Eindruck vom früheren Völker- und Religionsgemisch vermitteln noch die Grabsteine auf dem kommunalen *Friedhof an der Ausfallstraße Juliusz Słowacki.*

Die Altstadt von Przemyśl (67 000 Ew.) liegt malerisch am Ufer der San. Es lohnt ein Besuch des *Marktplatzes,* der *Kathedrale,* der *Franziskanerkirche,* des *Schlosses* mit dem angrenzendem Stadtpark und des *Diözesanmuseums,* das viele sakrale Schätze enthält.

Przemyśl hat aber auch noch etwas vom Flair der jüngeren Geschichte bewahrt: Festungsbauten, Zins- und Amtshäuser und auch der neubarocke Hauptbahnhof stammen aus der galizischen Zeit, als die Grenzstadt zur Habsburger Monar-

Vom Turm der Kathedrale hat man einen herrlichen Blick auf Przemyśl

chie gehörte (1772–1918). Bestes Hotel in der Stadt: *Marko, 15 Zi., ul. Lwowska 36a, Tel./Fax 016/ 678 92 72, www.markoexim.com.pl, €.*

Informationen im *Touristenzentrum, Rynek 26, Tel./Fax 016/ 675 16 64, www.przemysl.pl*

Sandomierz **[125 D3]**

Die Altstadt von Sandomierz (22 000 Ew.) ist in sich geschlossen, in wenigen malerischen Gassen drängen sich die unterschiedlichen Architekturdenkmäler: das *Renaissancerathaus* auf dem leicht nach Osten abfallenden Marktplatz, der *Palast des Rittergeschlechts Oleśniki,* in dem heute das Regionalmuseum untergebracht ist, die gotische *Kathedrale* in der Mariacka-Straße, die spätromanische *Dominikanerkirche St. Jakobus* auf einem kleinen Hügel westlich der Kathedrale und nördlich vom Markt das ehemalige *Benediktinerkloster* und die *St.-Michael-Kirche* mit ihrer herrlich barocken Innenausstattung.

Jeder, der Sandomierz einmal gesehen hat, sehnt sich angeblich hierher zurück. Als Beweis dient Oberst Skopenko, jener sowjetische Befehlshaber, der die Stadt 1945 von den Nationalsozialisten befreite. Er wünschte sich, auf dem Friedhof von Sandomierz beigesetzt zu werden.

Unterkunft finden Sie im Hotel *Basztowy, 31 Zi., pl. Ks. J. Poniatowskiego 2, Tel. 015/833 34 50, €;* oder im *Pod Ciżemka, 9 Zi., Rynek 27, Tel. 015/832 05 50, €.*

Sanok **[125 D5]**

2 km nördlich vom Zentrum dieser Stadt können Sie regionale Holzarchitektur in einem *Freilichtmuseum* bewundern: Bauernkaten aus dem 17.–19. Jh., eine Schmiede, eine Schänke, Wassermühlen und zwei Kirchen aus dem 18. Jh. (insgesamt etwa hundert Objekte). Obwohl Sanok 37 500 Ew. zählt, macht das Zentrum einen eher ländlichen Eindruck. Südlich vom *Marktplatz* mit seinen niedrigen Häusern befinden sich *Kirche und*

Kloster der Franziskaner, nördlich das *Schloss* vom Anfang des 16. Jhs.: Es beherbergt neben archäologischen und historischen Exponaten die größte Ikonensammlung in Polen. Im *Freilichtmuseum (ul. Rybicki 3)* finden täglich von 8 bis18 Uhr Führungen statt. Für eine Besichtigung des *Doms der Hl. Dreifaltigkeit*, des Sitzes des Erzbischofs, sind die Schlüssel im *Pfarrhaus (ul. Zamkowa 16)* abzuholen. Von der Parkhöhe haben Sie einen schönen Ausblick auf Stadt und Umgebung.

In Sanok startet auch die »Ikonenroute«, auf der man – zu Fuß, mit Pferd, Fahrrad oder Boot – noch erhalten gebliebene Holzkirchen am Verlauf des San besichtigen kann.

Übernachten können Sie im Hotel *Jagielloński, ul. Jagiellońska 49, Tel./Fax 013/463 12 08, €*; essen im netten Kellerlokal *Pod Arkadami, ul. Grzegorza 2, €. Touristeninformation: ul. 3. maja 2, Tel. 013/463 25*

Zamość **[125 E3]**

★ Zamość, wirtschaftlicher und kultureller Mittelpunkt der Region, liegt 50 km westlich der Grenze zur Ukraine. Das Zentrum der Stadt (58 400 Ew.) hin zu den Befestigungsanlagen ist ein Kleinod der Spätrenaissance: Sie finden fast alles so vor, wie es der Großkronkanzler Jan Zamoyski (nach dem die Stadt ihren Namen erhielt) zwischen 1580 und 1640 nach Entwürfen des Italieners Bernardo Morando anlegen ließ. Die Stadt ist in die Liste des Unesco-Welterbes aufgenommen worden.

Da ist zunächst der quadratische Marktplatz *(Rynek Wielki)*, auf dem das *Rathaus* mit der schwungvollen Freitreppe ganz gegen die Tradition an die nördliche Häuserreihe gerückt wurde, damit es nicht mit dem Palast konkurriert. Rundherum stehen die *Laubenhäuser*, an einer Seite die dreischiffige *Kollegiatskirche* mit der *Zamoyski-Kapelle*, in deren Fußboden sich die bescheidene Grabplatte von Jan Zamoyski befindet (etwa von 1618).

Die schönsten Dekorationen blieben gleich neben dem Rathaus an der Nordseite erhalten, wo Kaufleute und Handwerker aus Armenien wohnten, die seit 1585 in Zamość angesiedelt wurden. Im »Haus zum Engel« (Nr. 26) ist das *Regionalmuseum* mit seiner Sammlung zur Geschichte von Zamość untergebracht *(ul. Ormiańska 30, Di–So 9–16 Uhr)*. An der Südfront schuf sich Architekt Morando selbst ein Domizil (Nr. 25), unweit davon *(ul. Staszica 37)* wurde am 5. März 1870 Rosa Luxemburg geboren, die später in der kommunistischen Bewegung aktiv war und 1919 mit Karl Liebknecht in Berlin ermordet wurde.

Übernachten können Sie im schönen Hotel *Zamojski, 53 Zi., ul. Kołłątaja 2–6, Tel. 084/639 25 16, Fax 639 25 01, zamosc@orbis.pl, €–€€;* oder im gemütlichen *Renesans, 24 Zi., ul. Grecka 6, Tel. 084/639 20 01, €.* Zum Essen empfiehlt sich neben den Hotels das *Muzealna* im Renaissancekeller der *ul. Ormiańska 30 (Rynek)* mit derber Hausmannskost (€). Im *Klub Kosz, ul. Zamenhofa 3* (Eingang über den Hinterhof), treffen sich die Jazzfreunde – Konzerte gibt es meist am Freitag. *Touristeninformation: Rynek Wielki 13, Tel. 084/639 22 92*

KANTOR
pod 7

Reisen in die Vergangenheit

Die Touren sind in der Karte auf dem hinteren Umschlag und im Reiseatlas ab Seite 118 grün markiert

1 AUF DEN SPUREN DER POLNISCHEN JUDEN

Polen war vor dem Krieg die Heimat von mehr als 3 Mio. Juden, die überwiegend Jiddisch sprachen. Warschau war »Varsche«, und das malerische Kazimierz an der Weichsel hieß »Kuzmir oyf der Vaysl«. Heute sind von dieser untergegangenen Welt zwar nur noch Spuren übrig geblieben, doch seit dem Zusammenbruch des Kommunismus gibt es an vielen Orten eine Renaissance jüdischer Kultur und jüdischer Geschichte. Die folgende Autofahrt von Warschau über Kazimierz Dolny nach Lublin (ca. 350 km) ist für zwei bis drei Tage gedacht.

Vor dem Krieg hatte *Warschau (S. 51)* mit 370 000 so viele jüdische Einwohner wie keine andere Stadt Europas – fast jeder Dritte war Jude. Einige Bilder und sakrale Gegenstände dieser Tradition zeigt das *Jüdische Historische Museum (ul. Tłomackie 3/5, Mo–Fr 9–15 Uhr, www.jewishinstitute.org.pl)*, das in seinem Erdgeschoss eine umfangreiche Bücherei zu jüdischen Themen aufgebaut hat. Auf einem Platz an der *ul. Mordechaja Anielewicza* erinnert das 1948 enthüllte *Denkmal der Gettohelden* (vor dem Willy Brandt 1970 seinen berühmt gewordenen Kniefall leistete), an den Aufstand der jüdischen Kampforganisation ZOB, die der nationalsozialistischen »Säuberung« einen Monat lang bewaffneten Widerstand entgegensetzte. All jenen, die am Umschlagplatz zum Abtransport nach Treblinka in die Güterwaggons gestoßen wurden, wurde in der *ul. Stawki* ein Denkmal aus schlichtem Marmor gesetzt. Zu besichtigen ist auch der *jüdische Friedhof* mit über 250 000 Gräbern in der *ul. Ogrodowa,* der weit gehend erhalten blieb *(So–Do 10–15 Uhr).*

Um den *Plac Grzybowski* herum hat sich wieder jüdisches Leben entwickelt. Hier befindet sich das *Jüdische Theater,* in dem meist polnische Schauspieler in Jiddisch jüdische Klassiker wie Scholem Aleichem spielen. Wenige Schritte dahinter liegt die schlichte *Nożyk-Synagoge,* in der sich die Warschauer

Barock- und Rokokofassaden dominieren den historischen Stadtkern von Oppeln

Juden zum Gottesdienst versammeln; und gleich nebenan befinden sich die Räume der Jüdischen Gemeinde von Warschau – weitgehend renoviert mit Geldern amerikanisch-jüdischer Stiftungen. Mit »Midrasz« gibt es sogar wieder eine (polnischsprachige) Zeitschrift für Juden.

Von Warschau führt uns der Weg über die Straße 801 am Ostufer der Weichsel nach *Pulawy,* dem ehemaligen Sitz des Adelsgeschlechts der Czartoryskis, und weiter geradeaus auf der 824 mit einem kleinen Abstecher nach rechts nach *Kazimierz Dolny (S. 58).* Unter der Obhut Kazimierz' des Großen, nach dem die Stadt ihren Namen hat, siedelten sich hier seit dem Mittelalter viele Juden an. Doch obwohl sie bis zum Zweiten Weltkrieg sogar die Bevölkerungsmehrheit bildeten, sucht man meist vergeblich nach Hinweisen auf die jüdische Tradition. Dabei zeugen beispielsweise die imposanten *Speicher* an der Ortseinfahrt vom regen Handel jüdischer Kaufleute mit Getreide; die *Synagoge* hinter dem Markt diente bis 1939 als Gotteshaus und wurde erst nach dem Krieg als Kino benutzt; in dem dunklen Holzgebäude gleich nebenan, wo sich jetzt Geschäfte befinden, schächteten die Juden einst ihr Vieh, und in dem Gebäude der *ul. Senacka 21* befand sich einst die jüdische Mikwe, das rituelle Tauchbad. Am *Neuen Jüdischen Friedhof* (Insider Tipp) wurde 1985 die eindringliche Klagemauer errichtet: aus den Resten von 600 Grabsteinen, die man auf Fußwegen und Straßen entdeckte.

Über *Nałeczów,* einen alten Kurort mit dem Charme der Belle Epoque, in dem der beiden berühmten polnischen Schriftsteller Bolesław Prus und Stefan Zeromski gedacht wird, geht die Fahrt weiter nach *Lublin (S. 87),* der größten polnischen Stadt östlich der Weich-

Das Konzentrations- und Vernichtungslager Majdanek

sel. Vor dem Zweiten Weltkrieg lebten in der Wojewodschaft mehr als 300 000 Juden. Auf dem alten, meist verschlossenen jüdischen Friedhof im Ortsteil *Kalinowszczyzna* bezeugen noch etwa 30 Grabsteine eine jüdische Tradition bis ins Jahr 1541. Der *Neue Jüdische Friedhof (ul. Wałecnych 7)*, von den Nationalsozialisten zerstört, wird zu Teilen heute wieder benutzt, und ein Mausoleum erzählt die Geschichte der Lubliner Juden. Sie bildeten 1939 32,5 Prozent der Bevölkerung, waren sehr wenig assimiliert und entsprechend eng auf ihren eigenen Kulturkreis fixiert.

Ab Mitte des 19. Jhs. konzentrierte sich das jüdische Leben in der *ul. Lubortowska* – die Häuserfassaden sind weitgehend identisch mit damals. Die *Synagoge in der Nr. 8* wird allerdings nicht mehr als Gotteshaus genutzt; hier können Sie *(So 13–15 Uhr)* Dokumente und rituelle Gegenstände der Gemeinde besichtigen.

Nicht nur Isaak Beshevis Singer hat die jüdische Welt der Stadt in seinem »Zauberer von Lublin« festgehalten. Auch Itzchak Lejbus Peretz (1851–1915) bewahrte in seinen Erzählungen und Theaterstücken das Leben dieser meist chassidischen Juden vor dem Vergessen. Denn fast alle kamen sie zwischen Oktober 1941 und Juli 1944 in Bełżec um oder in *Majdanek*, dem zweitgrößten Konzentrations- und Vernichtungslager des NS-Regimes nach Auschwitz. Es lag 5 km vom Zentrum entfernt an der Straße nach *Zamość (S. 89)*. Die Gedenkstätte, schon von weitem durch ein großes Mahnmal zu erkennen, führt den Genozid zwischen authentisch erhaltenen Holzbaracken, Wachtürmen und Krematorien bedrückend vor Augen *(Droga Męczenników 67)*.

Wer auf der Reise auch jüdische Gerichte essen möchte, kann in *Kazimierz Dolny* das Lokal *U Fryzjera* besuchen *(ul. Witkiewicza 2, Tel. 081/881 04 26, €)* und in *Lublin* das Restaurant *Szeroka 28* mit jüdischer Musik am Samstag *(ul. Grodzka 21, Tel. 081/534 61 09, €)*. Übernachtungsmöglichkeit im *Mercure Unia Hotel, 110 Zi., al. Racławickie 12, Tel. 081/533 20 61, €€*. Die Rückfahrt nach Warschau empfiehlt sich aus Zeitgründen über die Hauptstraße E 17.

2 ARCHITEKTONISCHE KLEINODE IN SCHLESIEN

Für eine Rundreise durch die sanfte schlesische Landschaft westlich der Oder mit ihren vielen architektonischen Kleinoden aus polnischer und deutscher Vergangenheit eignet sich Breslau als Ausgangs- und Zielort. Die Strecke führt über Neiße und Oppeln zurück nach Breslau und ist insgesamt 264 km lang. Zwei Tage sollten Sie mindestens dafür einplanen.

Von *Breslau (Wrocław, S. 70)* wählen Sie die Straße 395 und erreichen nach 40 km *Strzelin (Strehlen)*. Zwar wurde die Stadt im Zweiten Weltkrieg fast ganz zerstört, doch die spätgotische Gotthardskirche (14./15. Jh.) blieb unversehrt. Die Weiterfahrt nach Süden führt entlang der *Wzgórza Strzelinskie (Strehlener Berge)* nach *Henryków (Heinrichau)*: ein mächtiges, nach seinem Stifter Herzog

Ried und Raps wachsen in der Nähe von Neiße

Heinrich benanntes Klosterdorf mit einer Zisterzienserabtei. Hier befindet sich das für das polnische Nationalbewusstsein wichtige »Heinrichsbuch«, das die ersten Wörter einer polnischen Schriftsprache enthält. Die frühgotische, dreischiffige Basilika erhielt im Barock eine neue Innenausstattung – unter anderem das Chorgestühl im Hauptschiff und mehrere Altarbilder von Michael Willmann.

Von Henryków führt der Weg auf der Straße 394 nach Süden an *Ziębice (Münsterberg)* mit seinen eindrucksvollen mittelalterlichen Mauern vorbei nach *Paczków (Patschkau)*. Dieser Ort beeindruckt durch die 1200 m (von ursprünglich 1350 m) lange erhaltene, mittelalterliche Stadtbefestigung mit ihren 19 (von ursprünglich 24) Basteien. Die zinnenförmige Renaissance-Attika der Wehrkirche des hl. Johannes etwas südlich vom Marktplatz diente der Abwehr von Türkenangriffen, der »Tatarenbrunnen« im Innern der Wasserversorgung der Bevölkerung in Belagerungszeiten.

Von Paczków geht es nun nach Osten entlang des Südufers des *Jezioro Otmuchowskie (Ottmachauer Sees)* zu dem 14 km entfernten, zwischen zwei Stauseen der Glatzer Neiße gelegenen *Otmuchów (Ottmachau)*. Schon von weitem sichtbar ist die teilweise abgetragene Befestigungsanlage aus dem 12. Jh., die vom Turm einen schönen Ausblick bietet (hier lebte der Begründer der Universität Berlin, Wilhelm von Humboldt, nachdem er in den Ruhestand getreten war). Den Marktplatz schmückt das Renaissancerathaus (17. Jh.) mit einer Sgraffito-Sonnenuhr. Übernachten können Sie im mitten im Park gelegenen *Hotel Zamek (33 Zi., ul. Zamkowa, Tel. 077/431 51 48, €)*.

Nach weiteren 12 km erreichen Sie *Nysa (Neiße, S. 69)*, eine der ältesten Siedlungen in Schlesien, die ihrer vielen barocken Sakralbauten wegen einst den Beinamen »Schlesisches Rom« erhielt: Daran erinnert noch die reich dekorierte Barockkirche der Ritter des Heiligen Grabes *(Kosciol Bożogrobców, ul. Bracka)* und die Ende der 50er-Jahre rekonstruierte Jakobskirche nordöstlich vom Markt mit ihrem beeindruckenden Triptychon am Hauptaltar vom Beginn des 16. Jhs. Leider hat die Stadt unter den Zerstörungen zu Ende des Zweiten Weltkriegs stark gelitten. Historisch interessant am Markt ist nur noch die Stadtwaage (1604), eine nach dem Krieg wieder aufgebaute Kämmerei.

Im ehemaligen Bischofspalast *(ul. Jarosławska)* können Sie das gut ausgestattete Stadtmuseum besichtigen. Das Jesuitenkollegium Carolinum *(Solny Platz)* hat als berühmtesten Zögling den späteren polnischen König Jan III. Sobieski hervorgebracht. In seinen letzten Lebensjahren lebte auch der schlesische Dichter Joseph von Eichendorff in Neiße.

Die Rückfahrt führt wieder nach Norden: Entweder direkt über *Pakosławice* (Straße 404) in das ca. 30 km entfernte *Niemodlin (Falkenberg)* oder mit einem kleinen Umweg über *Łambinowice (Lamsdorf)*, wo das NS-Regime im Zweiten Weltkrieg ein großes Lager u. a. für russische, belgische und französische Kriegsgefangene eingerichtet hatte. Nach dem Krieg wurden in demselben Lager deutsche Zivilisten vor ihrer Vertreibung untergebracht. Heute gibt es hier über die Kriegsgefangenen ein Museum und einen Gedenkstein für die Deutschen.

Niemodlin, inmitten weiter Waldgebiete gelegen, lohnt den kurzen Halt wegen seiner Burg, von deren Substanz Renaissancekreuzgänge und der Burgturm erhalten geblieben sind.

Die nächste Station ist *Opole (Oppeln, S. 67).* Obwohl am Ende des Krieges zu zwei Dritteln zerstört, überrascht die Stadt mit einem (wieder) geschlossenen historischen Stadtkern: einem Markt mit Barock- und Rokokofassaden, einem Rathaus von 1936 und einer backsteingotischen Franziskanerkirche mit der angrenzenden Hl.-Anna-Kapelle. Westlich des Markts (zu erreichen über die *ul. Zamkowa*) befindet sich ein Ausgrabungsfeld auf der Oder-Insel *Pasieka* mit den Relikten einer slawischen Wehrsiedlung. Hoteltipp: *Opole, 93 Zi., ul. Krakowska 59, Tel. 077/ 453 86 51,* **€€**.

Von hier aus empfiehlt es sich, statt der autobahnähnlichen A 4 die Landstraße 4 bis *Brzeg (Brieg, S. 68)* zu benutzen. In Brzeg herrschte das schlesische Piastengeschlecht bis zum Jahre 1675. Seine Einflüsse in Politik, Wirtschaft und Kultur dokumentiert das Museum der schlesischen Piasten im Ostflügel des Renaissanceschlosses aus dem 16. Jh.: Es ist angeblich dem Krakauer Wawel nachempfunden. Besonders beeindruckend: der lichte Arkadenhof und das Haupttor, an dem in zwei Reihen übereinander die Piastendynastie Polens (oben) und die von ihnen abstammenden Dynastien Schlesiens (unten) dargestellt sind.

Von Brzeg führt Sie der Weg dann über *Oława (Ohlau)* mit seiner berühmten Figurenuhr im Turm des Rathauses – dem »Tod von Ohlau« – zurück nach Breslau.

Mit Angel oder Golfschläger

In Polen kann man auch jenseits von Wandern und Paddeln sportlich aktiv sein

Die Möglichkeiten für einen aktiven Urlaub in Polen haben sich in den letzten Jahren erheblich verbessert – und zwar in allen Regionen. Wer sich nicht auf mehrtägige Rad- oder Paddeltouren festlegen will, kann oft auch über Hotels und Pensionen Aktivitäten wie Angeln, Reiten und Segeln organisieren, wie z. B. im *Freizeit- und Erholungszentrum Morsko* in *Zawiercie*, nördlich von Krakau *(Tel. 032/673 76 31, www.morsko.com.pl)*.

ANGELN

In Gebirgsflüssen und -seen und in Masuren finden sich z. B. Forellen und Zander; in der Ostsee ist der Lachs daheim, hier werden auch Hochseeangeltouren angeboten. Gegen Entgelt können sich Touristen am Fischfang beteiligen. *Polnischer Anglerverband, Warschau, ul. Twarda 42, Tel. 022/620 89 66, Fax 620 50 89, www.zgpzw.pl*

FAHRRADTOUREN

Auf Grund der zunehmenden Popularität haben die Wojewodschaften inzwischen fast überall markierte Wege für Radfahrer eingerichtet – insgesamt eine Strecke von 3000 km in Pommern, Masuren, der Jura-Hochebene, in Masowien um Warschau und – schon schwierigere Strecken – in den Bieszczady-Bergen und den Sudeten. Gute Bedingungen für Mountainbiker bietet das Dreiländereck bei Cieszyn (Teschen) mit 800 km markierten Radwegen durch die polnischen Beskiden und über die Grenze nach Tschechien und in die Slowakei. Karten sind erhältlich bei der *Touristenauskunft (PTTK) Cieszyn, Tel. 033/852 11 86*.

Allgemeine Informationen: *Polnischer Radfahrerverband, Warschau, ul. Afrykanska 7a, Tel. 022/671 99 10, www.pzkol.pl;* Kontaktadresse für Masuren: *Campisz, Pisz, al. Turystow 1, Tel. 087/423 44 63, Fax 423 04 59, www.radreisen-masuren.de*

GOLF

Eine völlig neue Errungenschaft seit Anfang der 90er-Jahre, die schnell Anhänger findet. Siebzehn Golfplätze gibt es bereits, weitere sind im Bau *(Informationen unter www.golf.pl)*.

Kajak- und Floßfahrer am Fluss Dunajec im Pieniny-Nationalpark

– Golf Club Binowo Park, Binowo 62 (20 km von Stettin), Stare Czarnowo, Tel. 091/404 15 33, Fax 404 15 38, www.binowopark.pl (18-Loch-Anlage)

– Amber Baltic Golf Club, auf der Insel Wollin im Ort Kołczewo (90 km von Stettin), ul. Baltycka 13, Tel. 091/326 51 10, Fax 326 53 33, www.abgc.pl (18-Loch-Anlage)

– Warschauer Golf Club, ca. 25 km vom Zentrum in Rajszew 70, Jabłonna, Tel. 022/782 48 52 (18-Loch-Anlage)

Insider Tipp

– Postołowo Golf Club, Ełganowo (28 km von Danzig), Tel. 058/683 71 00 (18-Loch-Anlage in kaschubisch verträumter Landschaft)

PADDELN

Schon berühmt sind die romantischen Paddelrouten in Nordpolen auf den Flüssen Brda, Krutynia und Czarna Hańcza, wo es überall Bootshäuser gibt. Wer eine größere Herausforderung sucht, wählt eine Kajaktour auf den Gebirgsflüssen Dunajec und Bóbr im Süden. *Polnischer Kajakverband, Warschau, ul. Ciołka 17, Tel. 022/873 40 59, www.hbz.com.pl/pzk;* Kontakt für Masuren: *AS-Tour, Krutyń 4, Tel./Fax 089/742 14 30, www.as-tour.de*

REITEN

Einst nur von den staatlichen Gestüten angeboten, hat sich das Reiten zu einer touristischen Attraktion entwickelt. An der deutsch-polnischen Grenze hat sich eine ganze Reihe von Gestüten etabliert, u. a. in Bielun, Moryn und Radun *(Buchungen über www.reiten-in-polen.de).* Ansonsten gibt es eine Vielzahl guter Gestüte im ganzen Land.

– Reitzentrum Furioso, Stare Zukowice (Bezirk Tarnów), Tel. 014/678 68 15, www.furioso.prv.pl

– Palast Czerniejewo (40 km von Posen), Czerniejewo, Tel. 061/427 30

– Gestüt Kadyny, Tolkmicko (Masuren), Tel. 055/231 61 20, www.kadyny.com

– Hengstgestüt Książ, am Schloss Fürstenstein (Schlesien), Tel. 074/840 58 67

Insider Tipp

Auf organisierte Trailritte spezialisiert ist eine Försterei in der Kaschubei: Es geht entweder 200 km durch die abwechslungsreiche Landschaft der Kaschubei oder durch die Dünen des Słowiński-Nationalparks bis zur Ostsee. *Anmeldungen in Deutschland unter Tel. 040/60 76 69 46, www.pferdreiter.de/polen*

SEGELN

Zum Segeln bietet sich die Masurische Seenplatte an, vor allem der Sniardwy- und der Mamry-See. Gesegelt wird aber auch im Stettiner Haff – wer will, kann von hier einfach in die Ostsee stechen – und im Bieszczady-Gebirge auf dem Solina-See. Segelzentren und -schulen finden Sie unter *www.polen-info.de.*

SKI

Seit Skisprungstar Adam Małysz hat der ganze Skisport in Polen Zulauf. Die beliebtesten Skigebiete sind das Riesengebirge (Szklarska Poręba und Karpacz) sowie die Tatra (besonders in der Gegend von Zakopane). Die einzige Ganzjahrespiste auf Kunststoffmatten (200 m) befindet sich in den Beskiden am Berg Klimczok beim Ferienort Bystra Śląska.

Beim Aufstieg zur Schneekoppe im Riesengebirge

TAUCHEN

Zu den größten Unterwasserattraktionen gehört das Wracktauchen in der Ostsee bis in 60 m Tiefe. Aber auch Baggerseen in Oberschlesien mit ihren ausrangierten Maschinen ziehen Unterwasserfotografen an. Für Anfänger empfehlen sich hingegen die Seengebiete in Masuren und der Kaschubei. *Auskunft erteilt der Taucher-Dachverband KDP (auch auf Englisch), Tel./Fax 022/ 826 35 73, www.kdp-pttk.org.pl*

WANDERN

30 000 km sind in Polen gut als Wanderwege markiert: von der flachen Ostseeküste bis in den gebirgigen Süden. Die meisten Wege – für erfahrene wie für ungeübte Wanderer – befinden sich allerdings in den südlichen Bergregionen: in den Sudeten, den Beskiden, der Hohen Tatra und im Bieszczady-Gebirge.

Hervorragend zum Wandern sind auch die Nationalparks geeignet. Allein der Biebrzanski-Park in der Nähe von Białystok, mit seinen 600 km^2 das größte Moorgebiet in Mitteleuropa, verfügt über 480 km Wanderwege und 400 km Radwege. *Informationszentrum in Osowiec-Twierdza 8, Goniadz, Mai bis Sept. tgl. 7.30–19 Uhr, Okt.–April Mo–Fr 7.30–15.30 Uhr, www.biebrza.org.pl*

WELLNESS

Wellness ist im Trend. Immer mehr Hotels an der Ostsee und im schlesischen Bergland bieten Akupunktur, Antistresstherapien, Schlankheitskuren, Massagen, Saunen und Schönheitspflege.

– Wellnessclub Mona Lisa, Kołobrzeg, ul. Lwowska 1, Tel. 094/ 35 433 23, www.monalisa.com.pl

– Hotel Senator, Dźwirzyno, ul. Wyzwolenia 35, Tel. 094/354 95 00, www.hotelsenator.pl

– Kurkomplex Sandra, ul. Wojska Polskiego 3, Pogorzelica, Tel. 091/481 47 00, www.sandra.ta.pl

Aquaparks und Ritterspiele

In den Urlaubsorten und den Städten Polens können die Kids vor allem selbst aktiv werden

Die Polen sind sehr kinderfreundlich, weisen den Kleinen aber eine Rolle zu, die Kinder in Westeuropa nur selten noch akzeptieren: Sie fallen den Erwachsenen nicht ins Wort, drängeln sich nicht vor und lernen, dass auch schon junge Menschen danach beurteilt werden, wie weit sie die Höflichkeitsregeln einhalten. Sie werden polnische Kinder in Lokalen nicht lautstark und temperamentvoll erleben, sondern zurückhaltend und aufmerksam – häufig kleine Kavaliere oder auf attraktives Äußeres bedachte kleine Damen.

In sozialistischen Zeiten wurden die meisten Kinder in Ferienkolonien geschickt. Das mochte vielleicht gleichmacherisch sein – aber immerhin kamen die Kinder in den Genuss von entspannten Urlaubstagen an der See oder in den Bergen. Heute können drei Viertel aller Eltern ihren Sprösslingen keine Ferien mehr bezahlen – und so suchen sie in den Städten nach etwas Abwechslung.

Zwei Trends sind deswegen auszumachen: In größeren Orten entstehen immer mehr Hallenbäder, Bowlingbahnen, Aqua- und andere Freizeitparks, um das Leben auch für die daheim Gebliebenen attraktiv zu machen. Und einheimischen und ausländischen Individualtouristen bieten Gemeinden und Hotels besonders in den Erholungsgebieten zunehmend Sport und Spiel extra für die Kleinen: vor allem Badewelten mit Rutschbahnen, Droschkenfahrten, Lagerfeuer, Reitunterricht, aber auch Ritterspiele, Theateraufführungen, Singspiele und Ausflüge. An der Ostseeküste, in Schlesien oder im Gebiet um Krakau dürften Sie überall in erreichbarer Nähe solche und ähnliche Angebote vorfinden.

Ride the lion: Ganz geheuer scheint es den Dreien nicht zu sein

OSTSEEKÜSTE UND MASUREN

Aquapark Laguna **[118 B4]**
Eine spannende Wasserlandschaft in *Gryfino:* mit Schwimmbecken, Rutschbahnen, Unterwassermassagen. *ul. Wodnika 1, tgl. 7–23 Uhr, Eintritt (2 Std.) 15 Zł., Kinder 10 Zł.*

Sanftes Reiten **[119 D6]**
In der familiären Atmosphäre des Biohofes von Pella und Vacek lernen (nicht nur) Kinder, sich einfühlsam und nach erprobter Methode

ohne Sattel und Zaumzeug auf dem Rücken geduldiger Pferde (Haflinger) zu bewegen. *Tuchorza, Boruja Wies 43, Tel. 068/346 24 67, www.pv-ferien.de*

Schwimmbadkomplex Tropikana **[121 D3]**
Das *Hotel Gołębiewski* in *Mikołajki* präsentiert ein umfassendes Freizeitangebot auch für Nicht-Hotelgäste: von der Wasserrutsche in tropischer Umwelt bis zum Bowling, Fahrradpark, Bootsverleih und Reitclub. *ul. Mrągowska 34, (573 Zi.), Tel. 087/429 07 00, www.golebiewski.pl, Eintritt (1,5 Std.) 20 Zł., Kinder bis 12 J. 12 Zł.*

Segelclub **[120 A1]**
Für Kinder bietet der Segelclub Opti CWM in *Gdynia (Gdingen)* von Mai bis Oktober Kurse auf Booten der Klasse Optimist und auch im Windsurfing an. *al. Zjednoczenia 7, Tel. 058/626 10 24, opti@artnet.com.pl*

RUND UM POSEN

Erlebnisfabrik **[119 D6]**
Unter einem Dach findet sich hier ein Freizeitangebot für fast alle Wünsche: eine große Skatearena, eine Kletterwand, ein Spielprogramm für kleinere Kinder, dazu Squash, Yoga, Sauna, Fitnesstraining. *Mo–So 9–23 Uhr, Poznań (Posen), ul. Kościelna 33, Tel. 061/843 46 57, Eintritt 2–8 Zł.*

RUND UM WARSCHAU

Kinderspielzentrum **[0]**
»kidsplay« bietet für Kinder bis 12 Jahre viel Spaß mit Gokarts, Bauklötzen, Theaterspiel und außerdem mit Basteln und Malen. *Tgl. 9–22 Uhr, ul. Solki 37 im Warschauer Stadtteil Ursynów, Tel. 022/644 41 44, Eintritt: Kinder 22 Zł., Erwachsene frei*

Zoo Warschau **[0]**
Seit 1928 eine Attraktion: der Warschauer Zoo auf einer Fläche von 40 ha mit Krokodilen, Tigern, Löwen, einem Aquarium und vielen anderen exotischen Tieren. *Tgl. 9–18 Uhr, ul. Ratuszowa 1/3, (Miejski Ogród Zoologiczny w Warszawie), www.zoo.warszawa.pl., Eintritt 10 Zł., Kinder 5 Zł.*

SCHLESIEN

Kirmes **[128 B3]**
Karpacz (Krummhübel) hat mitten in der Stadt eine Sommerrodelbahn, ein Trampolin und eine Bobbahn eingerichtet – Attraktionen übrigens, die nicht nur Kinder begeistern. *Cris Kolorowa, ul. Parkowa 10, www.kolorowa.pl*

Puppenmuseum **[128 B3]** Insider Tipp
Aus dem Nachlass von Henryk Tomaszewski, dem Schöpfer des Breslauer Pantomimentheaters, ist in *Karpacz* ein Museum entstanden mit Puppenstuben, Teddybären, Spielzeug und vor allem Puppen: aus dem 18.–20. Jh.; aus Porzellan, Terrakotta, Lehm, Papier; aus Russland, Skandinavien, Deutschland, Österreich, Japan. *Di–Fr 9–16, Sa/So 9–15.30 Uhr, ul. Karkonoska 5, Eintritt 3 Zł., Kinder 2 Zł.*

Stollen und andere Geheimnisse unter der Erde **[128 C4]** Insider Tipp
Wo über Jahrhunderte Steinkohle und andere Bodenschätze abgebaut und nach Gold gesucht wurde, spü-

Ein vergängliches Bauwerk entsteht am Strand von Swinemünde

ren auch Kinder gern den Geheimnissen der Vergangenheit nach. Jetzt erzählen die unterirdischen Gassen, Korridore und Bunker nicht nur von schwer schuftenden Bergleuten, sondern auch von Zwangsarbeitern, die eine »Unterwelt« für den »Führer« schaffen sollten: wie in der unterirdischen Stadt von *Głuszyca/Osówka (12 km südlich von Wałbrzych), April–Sept. tgl. 10–18, Okt.–März 10–16 Uhr, Eintritt 8 Zł., Kinder 6 Zł.*

Das *Bergbaumuseum in Nowa Ruda* **[129 D4]**, *ul. Obozowa 4, tgl. 9–17 Uhr,* veranstaltet regelmäßig Einfahrten in die Stollen mit einem Führer (auch fremdsprachliche Führungen werden angeboten). *Eintritt 8 Zł., Kinder 5 Zł.*

Wasserwelt **[128 C5]**
Die große Attraktion in *Kudowa Zdroj:* ein Aquapark unter freiem Himmel, mit einer Riesenrutschbahn von 92 m, einem großen Schwimmbecken, Whirlpool, Sauna etc. *Tgl. 7–23 Uhr, ul. Moniuszki 2a, Eintritt: pro Std. 4–8 Zł.*

VON KRAKAU BIS PRZEMYŚL

Anikino-Spielpark **[0]**
Für Kinder bis 12 Jahre bietet dieser Spielpark in *Kraków (Krakau)* das ganze Jahr lang Sport und Spiel in Labyrinthen, auf Leitern und an Seilen und in einem Trockenbassin. *Tgl. 9–20 Uhr, ul. Nieduża 4, www.anikino.krakow.pl, Eintritt: 1. Std. 6 Zł., 2. Std. 4 Zł., dann 3 Zł.*

Dunajec-Durchbruch **[124 B5]**
Ein erregendes Vergnügen für die Kids: 2–3 Stunden lang bewegen sich die hölzernen Kähne, über die manchmal das Wasser spritzt, durch eine raue Gebirgslandschaft. *Ende Mai–Okt. tgl. 8–16 Uhr, Abfahrt in Sromowce Wyżne/Kąty, Kosten: Der Fahrpreis bis zur Endstation beträgt 34 Zł.*

Angesagt!

Was Sie wissen sollten über Trends, die Szene und Kuriositäten in Polen

Pop und Romantik

Aller Globalisierung zum Trotz: Polen lieben ihre einheimischen Bands und Liedermacher. Mögen manche Gruppen auch gepierct sein und punkig auftreten – fast immer enthalten ihre Songs romantische Momente und nachdenkliche Texte über Sehnsüchte, Enttäuschungen und Träume. Spitzengruppen wie »Ich Troje« verkaufen manche Titel 700 000-mal, aber auch »Raz Dwa Trzy« hat eine große Fangemeinde.

Beethoven neu

Sieben Mal organisierte Elżbieta Penderecka, Ehefrau des berühmten Komponisten und Dirigenten Krzysztof Penderecki, das Beethoven-Festival in ihrer Heimatstadt Krakau. Dann überwarf sie sich mit den Stadtoberen – und seit Frühjahr 2004 darf nun Warschau den mit hochkarätigen internationalen Künstlern besetzten Event ausrichten. Frau Elżbieta weiß sich eben zu helfen.

Polnische Designer(innen)

Der erfolgreichste polnische Designer heißt Arkadius, kommt aus Lublin und machte eine Blitzkarriere im Ausland. Andere hält es (noch) im Land – vorzugsweise in Warschau –, aber auch ihre Kreationen zeichnen sich durch Eigenwilligkeit, Originalität und Qualität aus. Zu den erfolgreichsten polnischen Firmen zählt »Hexeline« mit elegant-sportlichen Kreationen für die Frau.

Karte mit Herz

Einige polnische Banken bieten neuerdings Kreditkarten an, die bei jeder Transaktion eine kleine Summe für karitative Zwecke abzweigen – für den Freiwilligen Rettungsdienst in der Tatra etwa, für allein stehende Mütter oder das große Orchester des Medienstars Jerzy Owsiak, der seine Millionen bisher mit Spendenbüchsen einsammeln ließ. Und wie man hört, ist die Nachfrage groß.

Berühmter Ausländer

In Deutschland ist der Kabarettist so gut wie unbekannt, in Polen hingegen ein Star: Steffen Möller, 1996 erstmals in Warschau, nimmt inzwischen in (fast) akzentfreiem Polnisch deutsche und polnische Absonderlichkeiten so liebenswürdig auf die Schippe, dass ihm bei seinen landesweiten Auftritten sogar die sensiblen Polen zujubeln.

Von Anreise bis Zoll

Hier finden Sie kurz gefasst die wichtigsten Adressen und Informationen für Ihre Polenreise

ANREISE

Auto

Zur Einreise brauchen Sie den nationalen Führerschein und die grüne Versicherungskarte (ersatzweise kann an der Grenze eine Versicherung für die Dauer des Aufenthalts abgeschlossen werden). Für Wohnwagenanhänger ist eine zusätzliche Versicherungskarte erforderlich. Auf zwei Teilabschnitten der Autobahn sind Gebühren (10 Zł., also ca. 2,10 Euro, pro PKW) zu entrichten: auf der A 4 zwischen Kattowitz und Krakau, und auf der A 2 zwischen Konin und Posen.

Bahn

Dreimal täglich gibt es reservierungspflichtige Eurocity-Verbindungen von Berlin über Posen nach Warschau (6 Std.) einmal täglich einen Intercity von Hamburg über Berlin und Breslau nach Krakau (12 Std. 40 Min.), und dreimal einen Interregio von Dresden nach Breslau (4 Std. 35 Min.). Dazu kommen vier Nachtzüge von Köln, Berlin und Dresden nach Warschau bzw. Krakau. Eine Rückfahrkarte Berlin–Warschau kostet ca. 70 Euro bzw. ca. 53 Euro mit Bahncard. Verfügen Sie über eine Railplus-Karte (15 Euro) im Zusammenhang mit Ihrer Bahncard, verbilligt sich das Ticket noch einmal um 25 Prozent.

Bus

Busfahrten sind am unbequemsten – aber am billigsten. Abfahrten aus vielen größeren deutschen Städten bietet die *Deutsche Touring GmbH, Mo–Fr 9–18, Sa 9–13 Uhr, Tel. 069/79 03 54, Fax 790 32 19, www. deutsche-touring.com.*

Von Berlin gibt es regelmäßige Touren ins Riesengebirge und nach Masuren: *Bayern Express, Tel. 030/ 860 96-0. www.berlinlinienbus.de*

Flugzeug

Von Deutschland fliegen die polnische Fluglinie LOT, Lufthansa, Eurowings und – im Sommer – der Masuren-Charter nach Polen, von Wien die Austrian Airlines. Der Flug von Berlin nach Warschau dauert etwa 50 Min. und kostet (hin und zurück) ab ca. 170 Euro. Auskunft bei *LOT: www.lot.com, Lufthansa: www.lufthansa.de, Eurowings: www.eurowings.de, Masuren-Charter: www.dnv-tours.de.*

Wer von Warschau in eine andere polnische Stadt fliegen will, muss vom internationalen zum nationalen Flughafen wechseln.

AUSKUNFT

Polnisches Fremdenverkehrsamt

– Kurfürstendamm 71, 10709 Berlin, Tel. 030/210 09 20, Fax

210 09 14, info@polen-info.de, www.polen-info.de
– Lerchenfelder Str. 2, A-1080 Wien, Tel. 01/524 71 91, Fax 524 71 91 20, info@polen-info.at, www.poleninfo.at

AUTO

Empfehlenswert ist eine Reisegepäck- und Kurzkaskoversicherung. Höchstgeschwindigkeit in Ortschaften 60 km/h, auf Landstraßen 100 km/h und auf Schnellstraßen (Autobahnen) 130 km/h. Es besteht generell Anschnallpflicht; Promillegrenze 0,2. Vom 1. Oktober bis 1. März ist grundsätzlich das Abblendlicht einzuschalten. An großen Landstraßen gibt es inzwischen ein dichtes, meist ganztägig geöffnetes Tankstellennetz. Bei Pannen hilft der *Polnische Motorverband* unter *Tel. 981.* »ON« ist die polnische Abkürzung für Diesel. Bleifreies Benzin ist durch ein durchgestrichenes »Pb« zu erkennen. Auf den Straßen gilt Vorsicht: Polen hat die höchste Unfallrate Europas!

BAHN

Mit Expresszügen und Eurocitys sind Sie schneller als mit dem Auto. Die Züge verkehren allerdings nur zwischen den Großstädten und sind, zumindest in der 2. Klasse, oft voll besetzt. Sonderangebote gibt es für Wochenenden und Feiertage: Für 50 Zł. (ca. 10 Euro) können Sie in der 2. Klasse unbegrenzt Regionalbahnen und für 99 Zł. (ca. 20 Euro) unbegrenzt IC-, EC- und Expresszüge benutzen. Informationen gibt es bei der Vertretung der *Polnischen Staatsbahn* in Berlin, *Tel. 030/234 53, Mo–Fr 8–16 Uhr.*

CAMPING

Campingplätze der Kategorie I und II (diese Kategorien sind allerdings nicht mit westlichem Standard vergleichbar, sie liegen in der Regel weit darunter) verfügen über Elektrizität und sanitäre Anlagen. In der Regel sind die Plätze von Mitte Juni bis September geöffnet: Informationen erhalten Sie bei der *Polnischen Campingvereinigung, ul. Grochowska 331, Warszawa, Tel./Fax 022/810 60 50.*

DIPLOMATISCHE VERTRETUNGEN

Botschaft der Bundesrepublik Deutschland
ul. Dąbrowiecka 30, Warszawa, Tel. 022/584 17 00, Fax 584 17 39, www.ambasadaniemiec.pl

Botschaft der Republik Österreich
ul. Gagarina 34, Warszawa, Tel. 022/841 00 81, Fax 841 00 85

Botschaft der Schweiz
al. Ujazdowskie 27, Warszawa, Tel. 022/628 04 81, Fax 621 05 48

EINREISE

Seit dem Beitritt Polens zur EU ist beim Grenzübertritt nur noch der Personalausweis erforderlich. Kinder bis zum 16. Lebensjahr brauchen einen Kinderausweis (mit Foto) oder müssen im Pass der Eltern eingetragen sein. Die Ausweiskontrollen bleiben noch so lange bestehen, bis Polen seine Ostgrenze gegen illegale Einwanderer gesichert haben und dem Schengener Abkommen beigetreten sein wird.

EINTRITT

Viele staatliche Museen sind kostenlos, wie z. B. das Historische Museum in Warschau. Sonst liegen die Eintrittspreise zwischen 1,25 und 2 Euro. Am teuersten ist mit 3 Euro das Nationalmuseum in Warschau.

FAHRRAD

Im Zug können Sie Räder für ca. 50 Prozent des Erwachsenenfahrpreises im Gepäckwagen mitnehmen. In grenzüberschreitenden Zügen ist eine internationale Fahrradkarte erforderlich (10 Euro). Viele Hotels und Pensionen vermieten Räder.

FERIEN AUF DEM BAUERNHOF

Die »Agroturystyk« ist in Polen groß im Kommen – Urlaub auf Ökobauernhöfen unter dem Logo einer blauen Schwalbe. Geboten werden Unterkünfte zwischen 5 und 10 Euro pro Nacht, Rundwanderungen, Reiten, Radfahren, Segeln, Yogakurse. Informationen: *Eceat, Bukówka 71, Lubawka, Tel./Fax 075/741 13 95, http://poland.eceat.org* und *www.agriturism.pl*

GESUNDHEIT

Für Touristen gibt es in der Hauptreisezeit vom 1. Mai bis 30. September täglich von 8 bis 22 Uhr einen *Notruf in deutscher Sprache: 0800/20 03 00* gebührenfrei vom Festnetz; *0048/22/601 55 55* vom Handy ohne Verbindungskosten für Auslandsgespräche.

Die Krankenkassen übernehmen die Kosten für ärztliche Hilfe in Polen, Kuren werden jedoch nur in Ausnahmefällen bezahlt.

INTERNET

In Polen nutzen etwa 1,5 Mio. Menschen das Internet. Allerdings haben fast alle Zeitungen nur polnischsprachige Websites. Aktuelle Informationen auf Englisch erhalten Sie bei *The Warsaw Voice (www.warsawvoice.pl)* und unter *www.inyourpocket.com/poland/*

Allgemeine Informationen über den Tourismus sind u. a. erhältlich unter *www.urlaub-polen.de, www.polish-online.com* und *www.polishworld.com.* Aktuelle Hotelangebote erhalten Sie unter *www.hotelsinpoland.com*

INTERNETCAFÉS

Mit eigenem Laptop (einschließlich Modem) können Sie sich über die polnische Telefongesellschaft einloggen: Wählen Sie *020 21 22* und geben den Benutzernamen und das Passwort *ppp* ein. Internetcafés sind zwar im Kommen, aber noch nicht sehr verbreitet. In Warschau z. B. *Empik, ul. Marszałkowska 116* und *Casablanca, ul. Krakowskie Przedmieście 4/6,* in Danzig *Rudy Kot, ul. Garnkarska 18/20,* in Breslau *Kalambur, ul. Kuźnica 29.* Die Preise liegen bei 1–3 Euro pro Stunde. Sie können auch – für erheblich teurere Tarife – die Businesscenter der Hotels nutzen.

KLIMA & REISEZEIT

Die Durchschnittstemperatur im Sommer beträgt 16,5–19 Grad, im Januar 0 bis –4,5 Grad. Im Osten fällt das Thermometer auch schon auf bis zu –38 Grad. Die jährlichen Niederschläge betragen durchschnittlich 600 mm. Sehr schöne Reisezeiten sind der frühe Sommer und der goldene Herbst.

KULTURINSTITUTE

Die deutschsprachigen Kulturzentren bieten ein vielseitiges Musik-,

Wetter in Warschau

	Jan.	Feb.	März	April	Mai	Juni	Juli	Aug.	Sept.	Okt.	Nov.	Dez.
Tagestemperaturen in °C	–1	0	5	13	19	23	24	23	19	13	6	2
Nachttemperaturen in °C	–6	–6	–2	3	9	12	14	13	10	5	1	–3
Sonnenschein Std./Tag	1	2	4	5	6	8	7	7	6	4	1	1
Niederschlag Tage/Monat	9	8	6	7	10	8	12	9	8	6	8	11

Literatur-, Film- und Sprachprogramm:
– *Goethe-Institut, Kulturpalast, 10. St., Warszawa, Tel. 022/656 60 50, Fax 656 60 52, www.goethe.de*
– *Goethe-Institut, Rynek Glowny 20, Krakow, Tel. 012/422 58 29, Fax 422 82 76*
– *Österreichisches Kulturinstitut, ul. Prozna 8, Warszawa, Tel. 022/620 96 20*

MIETWAGEN

Mietwagen großer Verleihfirmen sind entweder direkt am Flughafen oder bei den Büros in den Städten zu mieten. Ein Opel Corsa kostet (unabhängig von der Kilometerzahl) pro Tag ca. 106 Euro (1 Woche 335 Euro), ein Ford Focus 140 Euro (498 Euro) und ein VW Passat 196 Euro (980 Euro). Weitere Angebote für Autovermietungen finden Sie unter *www.marcopolo.de.*

NOTRUFE

Ambulanz 999, Feuerwehr 998, Polizei 997, Pannenhilfe 981, ADAC 022/825 97 34 (Pannenhilfe)

ÖFFNUNGSZEITEN

Geschäfte, Kaufhäuser und Einzelhändler sind *Mo–Fr 11–19 Uhr* und *Sa 11–14 Uhr* geöffnet. Lebensmittelläden öffnen früher, einige haben auch nachts und feiertags auf. Behörden und Banken: *8–17 Uhr, manchmal bis 19 Uhr.* Restaurants haben in der Regel keinen Ruhetag.

POST

Briefe und Postkarten innerhalb Polens kosten 1,80 Zł., in andere europäische Länder 2,10 Zł. (Luftpost 2,60 Zł.) In der Regel dauert die Post nach Deutschland drei Tage; manchmal allerdings bis zu zwei Wochen. Postämter in größeren Orten sind meist *Mo–Fr 8–19 Uhr* geöffnet. Die Hauptpost in Warschau *(Poczta Glówna, ul. Swiętokrzyska 31/33)* hat 24 Stunden geöffnet.

Was kostet wie viel?

Kaffee	**1,25 Euro**	für eine Tasse Espresso
Eis	**1,50 Euro**	für zwei Kugeln
Wein	**2 Euro**	für ein Glas
Wasser	**80 Cent**	für Mineralwasser/Cola
Benzin	**85 Cent**	für 1 l Super
Bus	**60 Cent**	für eine Busfahrkarte

PREISE & WÄHRUNG

Der Złoty ist frei konvertierbar, der Wechselkurs ändert sich täglich. Am günstigsten tauschen Sie Ihre Euros in Polen, und zwar in einer der zahlreichen Wechselstuben *(kantor)*; Sie dürfen aber in Geschäften und Restaurants seit dem 1. Mai 2004 offiziell auch mit Euro bezahlen (allerdings kann man dort im Einzelfall auf der Bezahlung mit Złoty bestehen).

Ansonsten akzeptieren die Geldautomaten u. a. EC- oder Visakarten. Kreditkarten (vor allem Visa und Eurocard) werden nicht nur

€	Złoty
1	4,70
3	14,00
5	23,50
7	33,00
10	47,50
25	118,50
70	332,00
90	426,50
150	711,00

Złoty	€
1	0,21
5	1,10
20	4,00
30	6,50
70	15,00
150	31,50
250	53,00
700	148,00
900	190,50

von großen Hotels und Restaurants, sondern immer mehr auch von kleinen Geschäften akzeptiert.

Die Preise sind oft überraschend für Touristen: Brot, Butter, Eier und Obst sind billiger als in Westeuropa; für einheimisches Bier und für importierten Alkohol muss man aber teilweise erheblich mehr bezahlen.

TELEFON & HANDY

Telefonkarten für Automaten gibt es in jeder Post und in allen Kiosken mit 25, 50 und 100 Einheiten (ca. 5, 10 und 20 Euro), allerdings für zwei verschiedene Telefonautomaten. Bei Gesprächen innerhalb Polens ist der Ortsvorwahl eine Netzvorwahl voranzustellen (z. B. 1033 o. 1055): also 0–1033–12–... für Krakau. Bei Gesprächen ins Ausland entfällt die Netzwahl; es gelten die internationalen Vorwahlnummern (Polen 0048, Deutschland 0049, Österreich 0043, Schweiz 0041). Ortsgespräche kosten 0,33 Zł. (3 Min.), Ferngespräche 0,59 bis 0,78 Zł. (22–8 Uhr günstiger). Die *Telefonauskunft* hat landesweit die Nummer *913* (für das Ortsnetz) und *912* (für Fernverbindungen).

Handys wählen sich automatisch ins einheimische Netz ein. Abgesehen von einigen Gebieten Ost- und Südostpolens besteht gute Verbindung. Der Normaltarif für Gespräche in Polen beträgt 77 Cent, von Polen z. B. nach Deutschland 92 Cent. Bei ankommenden Gesprächen werden Ihnen die Kosten für die Weiterleitung im Satellitennetz berechnet.

Informieren Sie sich über *Calling Cards* fürs Ausland, die Sie in Deutschland kaufen und mit denen Sie von Ihrem Urlaubsort aus telefonieren können.

TOILETTEN

Anstelle von *toaleta* oder *WC* sind Damentoiletten meist durch einen Kreis, Männertoiletten durch ein Dreieck gekennzeichnet. Selbst in Restaurants wird eine Gebühr verlangt, meist 1 Zł.

ZEIT

Polen hat die Mitteleuropäische Zeit (MEZ), die Sommerzeit dauert von Ende März bis Ende Oktober.

ZOLL

Die durchgängigen Zollkontrollen sind mit dem EU-Beitritt weggefallen. Es gilt die normale EU-Bestimmung, dass Waren für den privaten Bedarf frei ein- und ausgeführt werden können (z. B. 90 l Wein, 10 l Spirituosen). Ausnahme sind Zigaretten und andere Tabakwaren: So dürfen Sie z. B. bis auf weiteres nur 200 Zigaretten aus Polen ausführen. Die Ausfuhr von vor dem 9. Mai 1945 hergestellten Antiquitäten bedarf einer Genehmigung des Denkmalkonservators der jeweiligen Wojewodschaft. *www.zoll-d.de*

Czy mówisz po polsku?

»Sprichst du Polnisch?«
Dieser Sprachführer hilft Ihnen, die wichtigsten Wörter und Sätze auf Polnisch zu sagen

Zur Erleichterung der Aussprache sind alle polnischen Wörter mit einer einfachen Aussprache (in eckigen Klammern) versehen. In mehrsilbigen Wörtern wird die vorletzte Silbe betont.

Polnische Phonetik:

a = immer kurz	ó = u
ą = on (nasal) wie im Französischen	rz = französisches j in »Journal«
c = z wie in »Zeit« (nie wie k)	s = immer scharf
é = en (nasal) wie Französisch (»in...«)	ś = sj
ł = etwa wie englisches w	sz = sch
ń = nj wie in »Champagner«	ż = rz = französisches j

AUF EINEN BLICK

Ja./Nein./Vielleicht.	Tak. [tak]/Nie. [njä]/Może. [moschä]
Bitte./Danke.	Proszę. [proschän]/Dziękuję. [dsiänkujän]
Gern geschehen.	Zrobiłem/zrobiłam to z przyjemnością. [srobbiuäm/srobbiuam to spschijämnoschtschon]
Entschuldigung!	Przepraszam! [pschäprascham]
Wie bitte?	Słucham? [suucham]
Ich verstehe Sie nicht.	Nie rozumiem pana/pani. [njä rossumjäm pana/panji]
Können Sie mir bitte helfen?	Czy może mi pan/pani pomóc? [tschi moschä mi pan/panji pommuz]
Ich möchte …	Chciałbym/Chciałabym … [chtschaubim/chtschauabim]
Das gefällt mir (nicht).	To mi się (nie) podoba. [to mi schän (njä) poddobba]
Haben Sie …?	Czy ma pan/pani …? [tschi ma pan/panji]
Wie viel kostet es?	Ile to kosztuje? [ilä to koschtujä]
Wie viel Uhr ist es?	Która godzina? [ktura goddsina]

KENNENLERNEN

Guten Morgen/Tag!	Dzień dobry! [dsiänj dobbri]
Guten Abend!	Dobry wieczór! [dobri wätschur]

Hallo!/Grüß dich!	Halo!/Witam! [chalo/witam]
Wie heißt du?	Jak się nazywasz?[jak schän nasiwasch]
Wie geht es Ihnen?	Jak się panu/pani powodzi? [jak schän panu/panji powwoddsi]
Danke. Und Ihnen?	Dziękuję. [dsiänkujän] A panu/pani? [a panu/panji]
Auf Wiedersehen!	Do widzenia! [do widsänja]
Bis morgen!	Do jutra! [do jutra]
Gute Nacht!	Dobranoc! [dobbranotts]
Tschüss!	Serwus! [särwus]

UNTERWEGS

Auskunft

links	na lewo [na läwo]
rechts	na prawo [na prawo]
geradeaus	prosto [prossto]
nah/weit	blisko [blisko]/daleko [daläko]
Bitte, wo ist …?	Przepraszam, gdzie jest …? [pschäprascham, gdsiä jäst]
Bahnhof	dworzec [dwaschez]/kolejowy [kolejowi]
Bus	autobus [autobus]
Wie weit ist das?	Jak to jest daleko? [jak to jäst daläko]

Panne

Ich habe eine Panne.	Mam awarię samochodu. [mam awarjän samochoddu]
Würden Sie mich bis zur nächsten Werkstatt abschleppen?	Odholowałby mnie pan/odholowałaby mnie pani do najbliższego warsztatu? [ottchollowwaubi mnjä pan/ottchollowwauabi mnjä panji do najblischschägo warschtatu]
Wo ist hier in der Nähe eine Werkstatt?	Gdzie jest tu w pobliżu warsztat samochodowy? [gdsiä jäst tu f pobblischu warschtat samochodowe]

Tankstelle

Wo ist bitte die nächste Tankstelle?	Przepraszam, gdzie jest najbliższa stacja benzynowa? [pschäprascham, gdsiä jäst najblischscha stazja bänsinowwa]
Ich möchte … Liter	Chciałbym/chciałabym … litrów [chtschaubim/chtschauabim ... litruf]
… Normalbenzin.	… benzyny niskooktanowej. [bänsini njiskoocktanowwäj]
… Super/Diesel.	… wysokooktanowej/ropy. [wisockoocktanowwäj/roppi]
Voll tanken, bitte.	Proszę do pełna. [proschän do päuna]

Unfall

Hilfe!	Ratunku! [ratunku]
Rufen Sie bitte schnell ...	Proszę wezwać szybko ... [proschän wäswatsch schipko]
... einen Krankenwagen.	... karetkę pogotowia. [karätkän poggottowwa]
... die Polizei.	... policję. [pollizjän]
... die Feuerwehr.	... straż pożarną. [strasch poscharnon]
Es war Ihre Schuld.	To była pana/pani wina. [to biua pana/panji wina]
Geben Sie mir bitte Ihren Namen und Ihre Anschrift.	Proszę mi podać pana/pani nazwisko i adres. [proschän mi poddatsch pana/panji naswisko i adräs]

ESSEN/UNTERHALTUNG

Wo gibt es hier ...	Gdzie jest tu w pobliżu ... [gdsiä jäst tu fpobblischu]
... ein gutes Restaurant?	... dobra restauracja? [dobbra rästaurazja]
... ein nicht zu teures Restaurant?	... niezbyt droga restauracja? [njäsbitt drogga rästaurazja]
Gibt es hier eine gemütliche Kneipe?	Czy jest tu jakaś miła knajpa? [tschi jäst tu jakasch miua knajpa]
Reservieren Sie uns bitte für heute Abend einen Tisch für vier Personen.	Proszę zarezerwować dla nas na dziś wieczór stolik na cztery osoby. [proschän saräsärwowwatsch dla nas na dsisch wjätschur stollik na tschtäri ossobbi]
Auf Ihr Wohl!	Pana/pani zdrowie! [pana/panji sdrowwjä]
Bezahlen, bitte.	Mogę zapłacić? [moggän sapuatschitsch]
Hat es geschmeckt?	Smakowało? [smakowwauo]
Das Essen war ausgezeichnet.	Jedzenie było znakomite. [jädsänjä biuo snakommitä]

ÜBERNACHTUNG

Können Sie mir bitte ... empfehlen?	Może mi pan/pani polecić ... [moschä mi pan/panji pollätschitsch]
... ein gutes Hotel...	... dobry hotel? [dobbri chottäl]
... eine Pension...	... pensjonat? [pänsjonnat]
Haben Sie noch Zimmer frei?	Czy ma pan/pani jeszcze wolne pokoje? [tschi ma pan/panji jäschtschä wollnä pockojjä]
ein Einzelzimmer	pokój jednoosobowy [pockuj jädnoossobbowwi]
ein Zweibettzimmer	pokój dwuosobowy [pockuj dwuossobbowwi]

mit Bad	z łazienką [s uasiänkon]
mit Dusche	z prysznicem [s prischnjizäm]
für eine Nacht	na jedną noc [na jädnon noz]
für eine Woche	na tydzień [na tidsiänj]
Was kostet das Zimmer mit …	Ile kosztuje pokój … [ilä koschtujä pockuj]
… Frühstück?	… ze śniadaniem? [sä schnjadanjäm]
… Halbpension?	… ze śniadaniem i kolacją? [sä schnjadanjäm i kollazjon]
… Vollpension?	… z całodziennym wyżywieniem? [s zauoddsiännim wischiwenjäm]
Kann ich das Zimmer ansehen?	Mogę ten pokój obejrzeć? [moggän tän pockuj obbäjschätsch]

PRAKTISCHE INFORMATIONEN

Arzt

Können Sie mir einen guten Arzt empfehlen?	Czy może mi pan/pani polecić dobrego lekarza? [tschi moschä mi pan/panji pollätschitsch dobbrägo läkascha]
Ich habe hier Schmerzen.	Tu mnie boli. [tu mnjä bolli]

Bank

Wo ist hier bitte …	Gdzie tu jest … [gdsiä tu jäst …]
… eine Bank?	… bank? [bank]
… eine Wechselstube?	… kantor (wymiany walut)? [kantorr (wimjani walut)]
Ich möchte … Euro (Schweizer Franken) in Złoty wechseln.	Chciałbym/*f* Chciałabym wymienić … euro niemieckich (franków szwajcarskich) na złotówki. [chtschaubim/chtschauabim wimänjitsch ... euro njämäzkich (frankuf schfajzarskich) na suotuwki]

Post

Was kostet …	Ile kosztuje … [ilä koschtujä]
… ein Brief …	… list … [list]
… eine Postkarte …	… pocztówka … [pottschtufka]
… nach Deutschland?	… do Niemiec? [do njämäz]

ZAHLEN

1	jeden [jädän]	8	osiem [oschäm]
2	dwa [dwa]	9	dziewięć [dsiäwänjtsch]
3	trzy [tschi]	10	dziesięć [dsiäschänjtsch][
4	cztery [tschtäri]	100	sto [sto]
5	pięć [pänjtsch]	1000	tysiąc [tischonz]
6	sześć [schäschtsch]	1/2	jedna druga [jädna druga]
7	siedem [schädäm]	1/4	jedna czwarta [jädna tschwarta]

Reiseatlas Polen

Die Seiteneinteilung für den Reiseatlas finden Sie auf dem hinteren Umschlag dieses Reiseführers

Kartenlegende Reiseatlas

Autobahn, mehrspurige Straße - in Bau Highway, multilane divided road - under construction		Autoroute, route à plusieurs voies - en construction Autosnelweg, weg met meer rijstroken - in aanleg
Fernverkehrsstraße - in Bau Trunk road - under construction		Route à grande circulation - en construction Weg voor interlokaal verkeer - in aanleg
Hauptstraße Main road		Route principale Hoofdweg
Nebenstraße Secondary road		Route secondaire Overige verharde wegen
Fahrweg, Piste Practicable road, track		Chemin carrossable, piste Weg, piste
Straßennummerierung Road numbering	E20 11 70 26	Numérotage des routes Wegnummering
Entfernungen in Kilometer Distances in kilometers	259 130 129	Distances en kilomètres Afstand in kilometers
Höhe in Meter - Pass Height in meters - Pass	1365	Altitude en mètres - Col Hoogte in meters - Pas
Eisenbahn - Eisenbahnfähre Railway - Railway ferry		Chemin de fer - Ferry-boat Spoorweg - Spoorpont
Autofähre - Schifffahrtslinie Car ferry - Shipping route		Bac autos - Ligne maritime Autoveer - Scheepvaartlijn
Wichtiger internationaler Flughafen - Flughafen Major international airport - Airport		Aéroport important international - Aéroport Belangrijke internationale luchthaven - Luchthaven
Internationale Grenze - Provinzgrenze International boundary - Province boundary		Frontière internationale - Limite de Province Internationale grens - Provinciale grens
Unbestimmte Grenze Undefined boundary		Frontière d'Etat non définie Rijksgrens onbepaalt
Zeitzonengrenze Time zone boundary	-4h Greenwich Time -3h Greenwich Time	Limite de fuseau horaire Tijdzone-grens
Hauptstadt eines souveränen Staates National capital	STOCKHOLM	Capitale nationale Hoofdstad van een souvereine staat
Hauptstadt eines Bundesstaates Federal capital	Nancy	Capitale d'un état fédéral Hoofdstad van een deelstat
Sperrgebiet Restricted area		Zone interdite Verboden gebied
Nationalpark National park		Parc national Nationaal park
Antikes Baudenkmal Ancient monument		Monument antique Antiek monument
Sehenswertes Kulturdenkmal Interesting cultural monument	Chambord	Monument culturel intéressant Bezienswaardig cultuurmonument
Sehenswertes Naturdenkmal Interesting natural monument	Gorges du Tarn	Monument naturel intéressant Bezienswaardig natuurmonument
Brunnen Well		Puits Bron
Ausflüge & Touren Excursions & tours		Excursions & tours Uitstapjes & tours

A
B
C
1
3
4
5
6
Malmö, København
Trelleborg
Ystad
København
Rønne
Svaneke
Aakirkeby
Bornholm
(Dan.)
St. Peterburg
Kap Arkona
Altenkirchen
Vitte
Nat.P. Jasmund
Königsstuhl
Stubbenkammer
Morze Bałtyckie
Ostsee
Ummanz
Sassnitz
Bergen a.R.
Rügen
Binz
Putbus
Garz
Göhren
Stralsund
Pommersche Bucht
Zatoka Pomorska
Greifswalder Bodden
Greifswalder Oie
Grimmen
Peenemünde
Greifswald
Zinnowitz
Wolgast
Usedom
Bansin
Ahlbeck
Loitz
Züssow
Jarmen
Peene
Lassan
Demmin
Anklam
Usedom
Stettiner Haff
Zalew Szczeciński
Ueckermünde
Altentreptow
Friedland
Neubrandenburg
Torgelow
Nowe Warpno
Strasburg
Helpter Bge.
Pasewalk
Woldegk
Löcknitz
Neustrelitz
Feldberg
Prenzlau
Lychen
Uckermark
Templin
Zehdenick
Löwenberg
Joachimsthal
Liebenwalde
Oranienburg
Hennigsdorf
Schwedt
Angermünde
Eberswalde
Bad Freienwalde
Bernau b.B.
BERLIN
Strausberg
Neuenhgn.
Rüdersdf. b.B.
Teltow
Münchebg.
Fürstenwalde
Oderbruch
Königs Wusterhsn.
Zossen
DEUTSCHLAND
Baruth
Märkisch Buchholz
Beeskow
Frankfurt (O.)
Eisenhüttenstadt
Lieberose
Schwielowsee
Lübben
Spreewald
Peitz
Lübbenau
Luckau
Dahme
30 km
Kołobrzeg
Ustronie Morskie
Mrzeżyno
Niechorze
Trzebiatów
Karlino
Pobrzeże
Wolin
Kamień Pomorski
Międzyzdroje
Świnoujście
Gryfice
Golczewo
Płoty
Świdwin
Woj. Zachodnio-pomorskie
Wysoka Kamieńska
Resko
Łobez
Nowogard
Drawsko Pomorskie
Dobra
Węgorzyno
Police
Goleniów
Maszewo
SZCZECIN
Chociwel
Stargard Szczeciński
Mirosławiec
Gartz (O.)
Gramzow
Gryfino
Jez. Miedwie
Suchań
Recz
Choszczno
Nat.P. Unteres Odertal
Banie
Pyrzyce
Krajnik Dolny
Chojna
Barlinek
Myślibórz
Strzelce Krajeńskie
Dobiegniew
Mieszkowice
Dębno
Noteć
Drezdenko
GORZÓW Wlkp.
Witnica
Kotlina
Kostrzyn
Seelow
Skwierzyna
Krzeszyce
Sulęcin
Międzyrzecz
Pojezierze
Rzepin
Torzym
Lagów
Trzciel
Słubice
Świebodzin
Zbąszyń
Lubuskie
Sulechów
Kargowa
Odra
Krosno Odrzańskie
Gubin
Swidnica
ZIELONA GÓRA
Lubsko
Bóbr

122
118

D
E
F
1
2
3
4
5
6
Klaipėda
København
Karlskrona
Nynäshamn, Oxelösund
Władysławowo
Mierzeja Helska
Jastarnia
Hel
Zatoka Pucka
Zatoka Gdańska
Słowiński park narodowy
Łeba
Jez. Łebsko
Krokowa
Izbica
Godętowo
Wejherowo
Reda
GDYNIA
Sopot
GDAŃSK
Ustka
Słupia
SŁUPSK
Lębork
Mianowice
Maszewo Lęb.
Woj. Pomorskie
Wieprza
Sławno
Łosino
Barcino
Suchorze
Uniechowo
Kartuzy
Sztutowo
Pruszcz Gdański
Egiertowo
Nowy Dwór Gdański
Sianów
KOSZALIN
Bytów
Kościerzyna
Nowa Karczma
Tczew
Wisła
Polanów
Jez. Wdzydze
Godziszewo
Czarlin
Malbork
Miastko
Starogard Gd.
Sztum
Bobolice
Brda
Zblewo
Biały Bór
Brusy
Gniew
Prabuty
Skórcz
Czersk
Kwidzyn
Rzeczenica
Wielimie
Barwice
Szczecinek
Chojnice
Człuchów
Łuby
Nowe
Osie
Wda
Gwda
Łasin
Debrzno
Tuchola
GRUDZIĄDZ
Sępólno Krajeńskie
Świecie
Paparzyn
Jastrowie
Lipka
Jez. Wdzydze
Chełmno
Radzyń Chełmiński
Złotów
Więcbork
Koronowo
Wąbrzeźno
Wałcz
BYDGOSZCZ
Chełmża
Lipnica
Piła
Wyrzysk
Fordon
Nakło n. Notecią
Woj.
TORUŃ
Ujście
Kcynia
Szubin
Brzoza
Trzcianka
Chodzież
Łabiszyn
Gniewkowo
Kujawsko-pomorskie
Czarnków
Barcin
Żnin
Lipno
Wągrowiec
Biskupin
Inowrocław
WŁOCŁAWEK
Wronki
Rogoźno
Oborniki
Mogilno
Strzelno
Radziejów
Jez. Gopło
Brześć Kujawski
Murowana Goślina
Szamotuły
Gniezno
POZNAŃ
Swarzędz
Chodecz
Sompolno
Brdów
Kleczew
Września
Ślesin
Słupca
Kłodawa
Mosina
Kórnik
Golina
Grodzisk Wlkp.
Rogalin
Konin
Koło
Środa Wlkp.
Pyzdry
Warta
Woj. Wielkopolskie
Rychwał
Dąbie
Kościan
Śrem
Turek
Jarocin
Prosna
Uniejów
Poddębice
Leszno
Gostyń
Koźmin
Stawiszyn
E28
E77
E75
E261
E30
A2
119
123

A
B
C
+1h Gr. Time
+2h Gr. Time
Karlskrona
København
Oxelösund
Nynäshamn,
Rostock
Nac. p. Kuršskaja kosa
Kuršskaja kosa
Kuršskij zaliv
Władysławowo
Mierzeja Helska
Jastarnia
Zatoka Pucka
Reda
Hel
Zatoka Gdańska
GDYNIA
Sopot
GDAŃSK
Mierzeja Wiślana
Krynica Morska
Z. Wiślany
Pionerskij
Svetlogorsk
Jantarnyj
Zelenogradsk
Polessk
KALININGRAD
Gdan'skij zaliv
Primorsk
Baltijsk
Svetlyj
Baltijskaja Kosa
Kaliningradskij zaliv
Pregolja
Gvardejsk
Laduškin
Nivenskoe
Mamonovo
Pravdinsk
Dolgorukovo
Braniewo
Frombork
Tolkmicko
Górowo Iławeckie
Zywkowo
Bartoszyce
Sztutowo
Nowy Dwór Gdański
Pakosze
Wzniesienia Górowskie
Pieniężno
Pruszcz Gdański
Nowa Karczma
ELBLĄG
Wilczęta
Lidzbark Warmiński
Bisztynek
Godziszewo
Tczew
Orneta
Starogard Gd.
Czarlin
Malbork
Pasłęk
Miłakowo
Dobre Miasto
Jeziorany
Sztum
Dzierzgoń
Morąg
Zalewo
Biskupiec
Gniew
Skórcz
Łukta
Prabuty
OLSZTYN
Łuby
Kwidzyn
Susz
Ostróda
Nowe
Jeziorak
Osie
Pojezierze Mazurskie
Wda
Iława
Olsztynek
Szczytno
GRUDZIĄDZ
Łasin
Lubawa
Świecie
Paparzyn
Jabłonowo Pomorskie
Nowe Miasto Lubawskie
Chełmno
Radzyń Chełmiński
Wielbark
Nidzica
Wąbrzeźno
Chorzele
Chełmża
Brodnica
Lidzbark
Działdowo
Lipnica
Krzynowłoga
Woj. Kujawsko-pomorskie
TORUŃ
Rypin
Mława
Żuromin
Grudusk
Przasnysz
Gniewkowo
Bieżuń
Skępe
Maków Mazowiecki
Ciechanów
Lipno
Sierpc
Glinojeck
Raciąż
Parcele-Przewodowo
WŁOCŁAWEK
Dobrzyń n. Wisłą
Budków
Bielsk
Góra
Płońsk
Radziejów
Brześć Kujawski
Jez. Gopło
Nasielsk
Kowal
PŁOCK
Bulkowo
Nowy Dwór Maz.
Serock
Sompolno
Chodecz
Lubień Kujawski
Bodzanów
Jabłonna
Legionowo
Brdów
Gostynin
Wyszogród
Łanięta
Sanniki
Wisła
Puszcza Kampinoska
Kłodawa
Krośniewice
Zelazowa Wola
Sochaczew
Błonie
Koło
Kutno
Łowicz
Grodzisk Mazowiecki
Dąbie
Łęczyca
Piątek
Arkadia
Bielawy
Nieborów
Otwock
Turek
Uniejów
Żyrardów
Piaseczno
Ozorków
Łyszkowice
Mszczonów
Warta
Poddębice
Zgierz
Skierniewice
Grójec
Aleksandrów
124
120
A193
A194
A195
A196
E28
E77
E75
E30

Sovetsk
Smalininkai
Jurbarkas
Raudonė
Babtai
Jonava
Neman
Krasnoznamensk
Vilkija
Šakiai
KAUNAS
Kaišiadorys
Lunino
Pobedino
Griška būdis
Garliava
Kauno Marios
Uľjanovo
Dobrovoľsk
Kudirkos Naumiestis
Kazlu Rūda
LIETUVA
Černjahovsk
Nesterov
Kybartai
Vilkaviškis
Prienai
Aukštadvaris
Gusev
Marijampolė
Birštonas
Jieznas
oblasť
Vyštys
Kalvarija
Simnas
Alytus
Ozersk
Vištyčio ež.
Dusios ež.
Daugai
Krylovo
Wyżajny
Banie Mazurskie
Gołdap
Lazdijai
Seirijai
Dzūkijos nacionalinis parkas
Węgorzewo
Merkinė
Suwałki
Sejny
Veisiejai
Marcinkonys
Jez. Mamry
Giżycko
Olecko
Jez. Wigry
Kapčiamiestis
Druskininkai
Ełk
Augustów
Neman
Jez. Łuknajno
Orzysz
Jez. Selmet
Lipsk
HRODNA
Azëry
-mazurskie
Jez. Śniardwy
Jez. Rajgrodzkie
Sztabin
Dąbrowa Białostocka
Pisz
Biała Piska
Grajewo
Biebrzański
Suchowola
Skidaľ
Szczuczyn
Indura
Sjarednenëmanskaja nizina
Kolno
Stawiski
Korycin
Sokółka
Bohoniki
Park Narodowy
Mońki
Krynki
Vjal. Berasťavica
Ros'
Kisielnica
Jedwabne
Tykocin
Kruszyniany
Pahraničny
Łomża
Vavkavysk
BIAŁYSTOK
Bobrowniki
Ostrołęka
Svislač
Sokoły
Zabłudów
Porazava
Zambrów
Narew
Puszcza
Czyżew-Osada
Woj. Podlaskie
Bielsk Podlaski
Białowieski P.N.
Ostrów Mazowiecka
Brańsk
Hajnówka
P.N. Belavežskaja pušča
Ciechanowiec
Białowieska
Bug
Kleszczele
Kamjanjunki
Šarašova
Wyszków
Łochów
BELARUS'
Siemiatycze
Grabarka
Kamjanec
Sokołów Podlaski
Węgrów
Vysokae
Ljasnaja
SZAWA (WARSCHAU)
Vidamlja
Mińsk Mazowiecki
Janów Podlaski
Žabinka
Kobryn
Łosice
Siedlce
Biała Podlaska
Terespol
BRĖST
Kołbiel
Międzyrzec Podlaski
Stoczek Łukowski
Łuków
Garwolin
Bradzjacin
Makrany
30 km

121

125

118
122
Münchebg.
Fürstenwalde
Frankfurt (O.)
Słubice
Eisenhüttenstadt
Beeskow
Schwielowsee
Lieberose
Guben
Peitz
Spreewald
COTTBUS
Forst
Bad Muskau
Łęknica
Sprembg.
Senftenbg.
Weißwasser
Przewóz
Hoyerswerda
DEUTSCHLAND
Rothenbg. O.L.
Ober-
Niesky
Kamenz
Bautzen
Bischofswerda
Löbau
Görlitz
Zgorzelec
Sebnitz
Ebersb.
Lausitz
B.Schandau
Rumburk
Pravčická brána
Děčín
Varnsdorf
Zittau
Frýdlant
Nový Bor
Čes. Kamenice
LIBEREC
Ještěd 1012
Jablonec n.Nisou
Krkonošský národní park
Čes. Lípa
Mimoň
Doksy
Litoměřice
Mnichovo Hradiště
Roudnice n.L.
Mělník
Mladá Boleslav
Kralupy n.Vlt.
Neratovice
Brandýs n.L.-St.Boleslav
PRAHA
Kladno
Nymburk
Poděbrady
Český Brod
Říčany
Kolín
Karlštejn
Kutná Hora
Čáslav
Český Šternberk
Benešov
vod. nádrž Slapy
Vltava
Vlašim
Votice
Sedlčany
vod.n. Kamýk
Zruč n.Sáz.
Humpolec
Pacov
Tábor
vod.n. Orlík
Písek
Pelhřimov
Veselí n.Luž.
Soběslav
30 km
Sulęcin
Rzepin
Torzym
Woj. Lubuskie
Pojezierze
Lagów
Świebodzin
Międzyrzecz
Trzciel
Pniewy
Lwówek
Wielk
Nowy Tomyśl
Zbąszyń
Grodzisk Wlkp.
Sulechów
Kargowa
Wolsztyn
Krosno Odrzańskie
Gubin
ZIELONA GÓRA
Swidnica
Lubsko
Bóbr
Odra
Nizina
Nowogród Bobrzański
Nowa Sól
Kożuchów
Żary
Żagań
Nowe Miasteczko
Wschowa
Szlichtyngowa
Głogów
Góra
Szprotawa
Iłowa
Woj. Dolnośląskie
Wał
Nysa Łużycka
Neiße
Spree
Stary Węgliniec
Bolesławiec
Lubin
Chojnów
Prochowice
Legnica
Lwówek Śląski
Lubań
Leśna
Złotoryja
Jawor
Strzegom
Kaczawa
JELENIA GÓRA
Świeradów-Zdrój
Wojanów
Kowary
Kamienna Góra
Świebodzice
Świdnica
Łagiewniki
WAŁBRZYCH
Dzierżoniów
Karkonosze
Śnieżka 1602
Krkonoše
Špindlerův Mlýn
Semily
Vrchlabí
Labe
Trutnov
Broumov
Nowa Ruda
Turnov
Jičín
Dvůr Králové n.L.
Náchod
Kudowa Zdrój
Kłodzko
Bystrzyca Kłodzka
Śnieżnik 1425
Jaroměř
Nový Bydžov
HRADEC KRÁLOVÉ
Orlické hory
Rychnov n.Kněž.
Kostelec n.Orl.
Pardubice
Holice
Ústí n.Orl.
Šťity
Lanškroun
Chrudim
Vysoké Mýto
Česká Třebová
Litomyšl
Hlinsko
Svitavy
Moravská Třebová
Chotěboř
Havlíčkův Brod
Žďár n.Sáz.
N.Město n.Mor.
Bystřice n.Pernšt.
Českomoravská vrchovina
Pernštejn
Jihlava
Velké Meziříčí
Tišnov
Boskovice
Blansko
Macocha
BRNO
ČESKÁ REP.

119
123
D
E
F
1
2
3
4
5
6
Gniezno
Swarzędz
Września
Słupca
Kórnik
Pyzdry
Golina
Konin
Kleczew
Sompolno
Ślesin
Chodecz
Brdów
Łanięta
Gostynin
Sanniki
Kłodawa
Krośniewice
Kutno
Łowicz
Koło
Dąbie
Łęczyca
Piątek
Bielawy
Rychwał
Turek
Ozorków
Głowno
Woj. Wielkopolskie
Prosna
Warta
Jarocin
Pleszew
Stawiszyn
Uniejów
Poddębice
Zgierz
Aleksandrów Łódzki
ŁÓDŹ
Koźmin
KALISZ
Warta
Szadek
Pabianice
Krotoszyn
Ostrów Wlkp.
Błaszki
Sieradz
Łask
Piotrków Trybunalski
Milicz
Grabów n. Pr.
Ostrzeszów
Złoczew
Lututów
Bełchatów
Sulejów
Twardogóra
Syców
Szczerców
Kępno
Wieluń
Woj. Łodzkie
Kamieńsk
Oleśnica
WROCŁAW
Rudniki
Brzeźnica
Radomsko
Namysłów
Praszka
Kluczbork
Oława
Woj. Opolskie
Olesno
CZĘSTOCHOWA
Brzeg
Herby
Strzelin
Jez. Turawa
Dobrodzień
Szczekociny
Grodków
Ozimek
Lubliniec
Boronów
Żarki
OPOLE
Zawadzkie
Koszęcin
Nysa Kłodzka
Kieleczka
Zawiercie
Strzelce Opolskie
Woj. Śląskie
Ogrodzieniec
Nysa
Krapkowice
Góra Świętej Anny
Pyskowice
BYTOM
Wolbrom
CHORZÓW
SOSNOWIEC
Prudnik
Olkusz
Kędzierzyn-Koźle
GLIWICE
KATOWICE
Mysłowice
Jaworzno
Jeseník
Głubczyce
TYCHY
Chrzanów
Praděd
Krnov
Racibórz
RYBNIK
Żory
Oświęcim
Pszczyna
Zator
Bruntál
Opava
Strumień
Kęty
Wadowice
Karviná
BIELSKO-BIAŁA
Sucha Beskidzka
OSTRAVA
Český Těšín
Skoczów
Cieszyn
Uničov
Šternberk
Sv. Kopeček
Frýdek-Místek
Wisła
Żywiec
Nový Jičín
Lipník n. Beč.
Hranice
Frýdlant n. O.
Valašské Meziříčí
Frenštát p. R.
Přerov
Bílá
Čadca
Náměstovo
Prostějov
Bystřice p. Host.
Rožnov p. R.
Turzovka
Makov
Tvrdošín
Holešov
Vsetín
Bytča
Žilina
Párnica
Dolný Kubín
Kroměříž
Zlín
A2
A4
E30
E40
E67
E75
E77
E462

120
Turek
Dąbie
Piątek
Łęczyca
Bielawy
Łowicz
Nieborów
Arkadia
Grodzisk Mazowiecki
Żyrardów
Piaseczno
Uniejów
Poddębice
Ozorków
Głowno
Łyszkowice
Skierniewice
Mszczonów
Zgierz
Aleksandrów Łódzki
ŁÓDŹ
Rawa Mazowiecka
Grójec
Warta
Błaszki
Szadek
Pabianice
Pilica
Sieradz
Łask
Tomaszów Mazowiecki
Nowe Miasto
Odrzywół
Złoczew
Lututów
Bełchatów
Piotrków Trybunalski
RADOM
Szczerców
Sulejów
Opoczno
Wieluń
Woj. Łodzkie
Kamieńsk
Wyszyna Rudzka
Końskie
Praszka
Rudniki
Brzeźnica
Radomsko
Przedbórz
Skarżysko Kamienna
Wyżyna
Włoszczowa
KIELCE
Herby
CZĘSTOCHOWA
Morawica
Małopolska
Lubliniec
Boronów
Zawadzkie
Koszęcin
Żarki
Kieleczka
Jędrzejów
Chmielnik
Woj.
Szczekociny
Staszów
Woj. Śląskie
Zawiercie
Ogrodzieniec
Wodzisław
Pińczów
Świętokrzyskie
Pyskowice
Busko-Zdrój
Stopnica
BYTOM
Wolbrom
Wiślica
CHORZÓW
Miechów
GLIWICE
SOSNOWIEC
Olkusz
Szczucin
KATOWICE
Mysłowice
Jaworzno
Słomniki
Zalipie
Chrzanów
Słała Ojców
Koszyce
TYCHY
Żory
Oświęcim
KRAKÓW
Nw. Brzesko
Dunajec
Pszczyna
Wisła
Raba
Brzesko
Zator
TARNÓW
Strumień
Kęty
Wadowice
Wieliczka
Bochnia
Karviná
Kalw. Zebrzydowska
Skoczów
BIELSKO-BIAŁA
Sucha Beskidzka
Myślenice
Woj. Małopolskie
Biała
Cieszyn
Biecz
Wisła
Żywiec
Limanowa
Nowy Sącz
Rabka
Grybów
Beskidy
Čadca
Námestovo
Nowy Targ
Turzovka
Odra
Piwniczna
Krynica
Tvrdošín
Zakopane
Pieninský N.P.
ZAPADNE KARPATY
Muszyna
Žilina
Párnica
Dolný Kubín
Orava
Tatranský nár. park
Stará Ľubovňa
Tatry
Liptovský Mikuláš
Starý Smokovec
Kežmarok
Lipany
Kraľovany
Torysa
Martin
Vlkolínec
Ružomberok
Poprad
Spišské Podhradie
N.P. Nízke Tatry
Levoča
Spišský hrad
Nízke Tatry
124
Vernár
Nitrianske Pravno
Slovenský raj N.P.
Spišská Nová Ves
Brezno
SLOVENSKO

Siedlce
Biała Podlaska
Terespol
BREST
121
D
E
F
Kołbiel
Stoczek Łukowski
Łuków
Międzyrzec Podlaski
BELARUS'
Bradzjacin
Makrany
Malaryta
Garwolin
Radzyń Podlaski
Wisznice
Sławatycze
Ryki
Kock
Parczew
Dęblin
Wieprz
Włodawa
Tomaševska
Pišča
Sac'k
Krymne
Pryp'jat'
Puławy
Kurów
Lubartów
Łęczna
Woj.
Lubelskie
Kazimierz Dolny
LUBLIN
Majdanek
Ljubomil'
Lipsko
Opole Lubelskie
Piaski
Chełm
Zachidnyj Buh
Krasnystaw
Ostrowiec Świętokrzyski
Wysokie
Teratyn
Kraśnik
Ożarów
Ustyluh
Hrubieszów
Novovolyns'k
Janów Lubelski
Zamość
Żovtneve
Sandomierz
Tarnobrzeg
Zwierzyniec
Nisko
Biłgoraj
Tomaszów Lubelski
Bełżec
Sandomierska
Puszcza Sandomierska
Tarnogród
Červonohrad
Sosnivka
Leżajsk
San
Rava-Rus'ka
Vel. Mosty
Woj. Podkarpackie
Cieszanów
+1h Gr. Time
Sędziszów Młp.
Lubaczów
Nemyriv
+2h Gr. Time
Žolkva
Dębica
Przeworsk
Łańcut
Jarosław
Staryči
Ivano-Frankove
RZESZÓW
Radymno
Javoriv
LVIV
Sudova Vyšnja
Rudne
Vynnyky
Przemyśl
Medyka
Dynów
Domaradz
Krasiczyn
Mostys'ka
Horodok
Vel. Ljubin'
Bircza
Krosno
Nyžankovyči
Rudky
Komarne
Mykolajivs'ka cerkva
Magurski P.N.
Dobromyl'
Dukla
Sanok
Chyriv
Sambyr
Mykolajiv
Lesko
UKRAJINA
Star. Sambir
Przełęcz Dukielska
Ustrzyki Dolne
Drohobyč
cerkva Česnohochresta
Komańcza
Svidník
Boryslav
Truskavec'
Stryj
Medzilaborce
Cisna
Bieszczady
Nat.P. Skolivs'ki Beskydy
Turka
Verch. Syn'ovydne
Moršyn
Bolechiv
Ustrzyki Górne
Bieszczadzki P.N.
Skole
Humenné
Snina
Vel. Berezny
Tuchol'ka
Dolyna
Perehins'ke
30 km
125

120
124
126
A
B
C
1
2
3
4
5
6
Zakroczym
Modlin
Nw. Dwór Maz.
Kazuń Polski
Wieliszew
Zegrze Pd.
Chotomów
Nieporęt
Białobrzegi
Michałów-Reginów
Radzymin
Słupno
Wola Rasztowska
Postoliska
Chrzęsne
Tłuszcz
Jasienica
Rządza
Dziekanów Leśny
Legionowo
Nadma
Ostrówek
Łomianki
Kampinoski P.N.
Górki
Łubiec
Truskaw
Izabelin
Laski
Żoliborz
Praga Północ
Kobyłka
Marki
Duczki
Wołomin
Międzyleś
Poświętne
Zielonka
Ossów
Okuniew
Ząbki
Stanisławów
Leszno
Zaborów
Borzęcin Duży
Str. Babice
Wola
Praga
Wesoła
Sulejówek
Halinów
Pustelnik
Utrata
Błonie
Ożarów Maz.
WARSZAWA
Dębe Wlk.
Mińsk Maz.
Pruszków
Piastów
Ochota
Mokotów
Południe
Wiązowna
Glinianka
Brwinów
Otrębusy
Józefów
Milanówek
Owczarnia
Podkowa Leśna
Nadarzyn
Sękocin
Otwock
Grodzisk Maz.
Lesznowola
Piaseczno
Konstancin-Jeziorna
Karczew
Kołbiel
Kośminy
Siestrzeń
Wola Gołkowska
Jeziorka
Celestynów
Radziejowice
Żelechów
Baniocha
Starogród
Piotrowice
Bartoszówka
Tarczyn
Łoś
Sierzchów
Gocław
Jeżewice
Wągrodno
Góra Kalwaria
Czersk
Warszawice
Osieck
Pilawa
Michrów
Konie
Sobienie Szlacheckie
Natolin
Miętne
Osuchów
Teodorówka
Lesznowola
Chynów
Wysoczyn
Wola Rębkowska
Drwalew
Grójec
Trzcianka
Wilga
Belsk Duży
Skurów
Ostrówek
Trzylatków Mł.
Jasieniec
Pilica
Lewiczyn
Boglewice
Laski
Rozniszew
Tarnów
Dąbrowa
Wilków
Błędów
Warka
Magnuszew
Łaskarzew
Łęczeszyce
Daltrozów
Bończa
Goszczyn
Broniszew
Wyborów
Sobolew
Boże
Mogielnica
Maciejowice
Ryczywół
Olszowa Wola
Brzostowiec
Borowe
Falęcice
Przybyszew
Antoniówka
Świeżowska
Białobrzegi
Stromiec
Michałowice
Kuźmy
Kuźmińskie
Nowe Miasto n. Pilicą
Grzmiąca
Wyśmierzyce
Głowaczów
Dobieszyn
Brzóza
Waliska
Kacperków
Kozienice
Radzanów
Siekluki
Str. Gózd
Wierzchowiny
Radomka
Cecylówka
Klwów
Brzeźnica
Odrzywół
Potworów
Łępin
Bartodzieje
Garbatka-Letnisko
Jedlińsk
Nieznamierowice
Wrzeszczów
Jankowice
Gustawów
Jastrzębia
Przystałowice Duże
Przytyk
Pionki
Wir
Wrzos
Jedlnia Kościelna
Jedlnia-Letnisko
Rusinów
Równina
Krzyszkowice
Zakrzew
Czarna
Sucha
Brudnów
Golędzin
Skrzyńsko
Kiedrzyń
Słupica
Podgóra
Skrzynno
Wolanów
Przysucha
Wieniawa
Młodocin Mniejszy
Radom
Rawica
Zwoleń
Zwoleńka
Orońsko
Kowala
Parznice
Tczów
Skaryszew
Ruski Bród
Rzuców
Zastronie
Smagów
Odechów
Kazanów
Tymienice
Iłżanka
Dąbrówka Warszawska
Chlewiska
Zdziechów
Ruda Wlk.
Łączany
Radomska
Aleksandrów
Jastrząb
Szydłowiec
Wierzbica
Krzyżanowice
Wólka Gonciarska
Cieplelów
Wyżyna
Bąkowa
Czerwona
Skarżysko-Kamienna
Skarżysko Kościelne
Mirzec
Iłża
Jawor Solecki
Lipsko
Odrowąż
Płaczków
Gadka
Seredzice
Kol. Pasztowa Wola
Krępianka
Mazowsze
E77
E67
E372
62
61
8
7
2
17
50
79
76
48
740
12
9

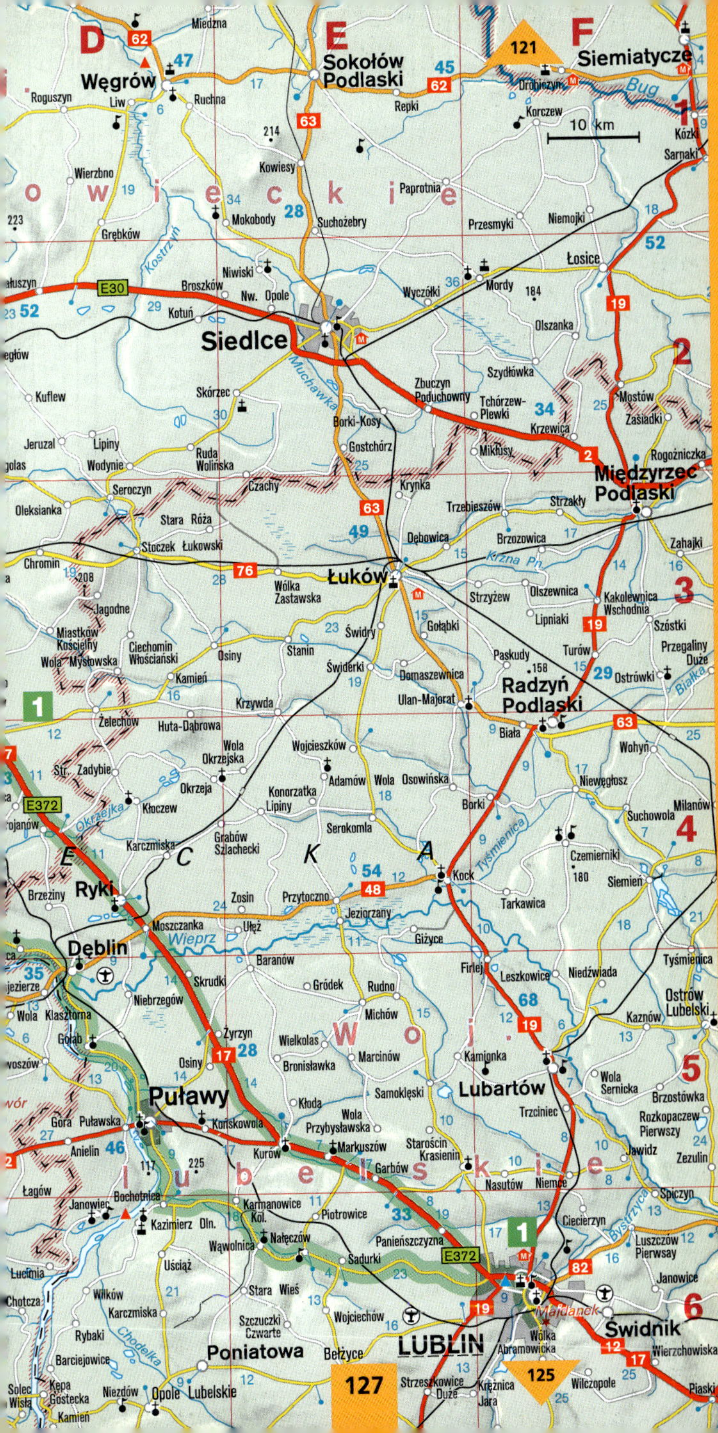

D
E
F
121
Miedzna
62
47
Węgrów
Roguszyn
Liw
Ruchna
Sokołów Podlaski
45
62
Siemiatycze
Drohiczyn
Bug
Repki
Korczew
10 km
Kózki
Sarnaki
214
63
Kowiesy
Wierzbno
Paprotnia
o w i e c k i e
223
34
28
Mokobody
Suchożebry
Przesmyki
Niemojki
18
52
Grębków
Kostrzyń
Łosice
Niwiski
Broszków
Wyczółki
36
Mordy
184
E30
Nw. Opole
29
Kotuń
52
19
Siedlce
Olszanka
Muchawka
Szydłówka
2
Kuflew
Skórzec
Zbuczyn Poduchowny
Tchórzew-Plewki
34
Mostów
25
Zasiadki
30
Borki-Kosy
Krzewica
Jeruzal
Lipiny
Gostchórz
Mikłusy
Rogoźniczka
Wodynie
Ruda Wolińska
25
2
Międzyrzec Podlaski
Seroczyn
Czachy
Krynka
Oleksianka
Stara Róża
63
Trzebieszów
Strzakły
Stoczek Łukowski
49
Dębowica
Brzozowica
17
Zahajki
Chromin
76
15
Krzna Pn.
14
16
208
28
Wólka Zastawska
Łuków
Strzyżew
Olszewnica
Kąkolewnica Wschodnia
3
Jagodne
15
Gołąbki
Lipniaki
19
Szóstki
Miastków Kościelny
23
Świdry
Przegaliny Duże
Ciechomin Włosciański
Stanin
Paskudy
Turów
Wola Mysłowska
Osiny
Świdetki
158
15
29
Ostrówki
Kamień
19
Domaszewnica
Radzyń Podlaski
Białka
1
16
Krzywda
Ulan-Majorat
Żelechów
Huta-Dąbrowa
9
Biała
63
25
12
Wola Okrzejska
Wojcieszków
Wohyń
7
11
Zadybie
Adamów
Wola
Osowińska
17
Niewęgłosz
Okrzeja
Konorzatka Lipiny
18
Borki
Milanów
E372
Kłoczew
Okrzejka
Suchowola
4
Tyśmienica
Serokomla
9
Karczmiska
Grabów Szlachecki
Czemierniki
11
E C K A
54
12
180
Kock
Siemień
8
Ryki
Brzeziny
Zosin
Przytoczno
48
Tarkawica
24
Jeziorzany
21
Moszczanka
Ułęż
18
Wieprz
11
10
Dęblin
Baranów
Giżyce
35
9
Tyśmienica
Firlej
Leszkowice
Niedźwiada
14
Skrudki
Gródek
Rudno
Niebrzegów
68
Ostrów Lubelski
Wola Klasztorna
15
12
6
Kaznów
Michów
19
Żyrzyn
W o j .
Gołąb
Wielkolas
13
28
Marcinów
17
Kamionka
Osiny
Bronisławka
5
20
Wola Sernicka
13
14
Lubartów
Puławy
Samokleski
Brzostówka
Kłoda
Trzciniec
Rozkopaczew Pierwszy
Góra Puławska
Końskowola
Wola Przybysławska
10
27
Jawidz
24
Anielin
46
8
Markuszów
Staroścín Krasienin
10
Zezulin
Kurów
Garbów
117
225
Nasutów
Niemce
8
l u b e l s k i e
Łagów
Bochotnica
Bystrzyca
Spiczyn
Janowiec
Karmanowice Kol.
11
Piotrowice
33
Kazimierz Dln.
19
13
Ciecierzyn
Łuszczów Pierwszy
12
Wąwolnica
Nałęczów
Panieńszczyzna
17
1
Lucimia
Uściąż
E372
82
Sadurki
16
Janowice
23
Chotcza
21
Wilków
Stara Wieś
Karczmiska
13
Wojciechów
Majdanek
19
6
Świdnik
Rybaki
Chodelka
Szczuczki Czwarte
16
LUBLIN
Wólka Abramowicka
12
Wierzchowiska
17
Barciejowice
Poniatowa
Bełżyce
127
13
125
25
Wilczopole
Piaski
Solec Wisła
Kępa Gostecka
Niezdów
Opole Lubelskie
12
Strzeszkowice Duże
Krężnica Jara
25
Kamień

122
A
B
C
1
2
3
4
5
6
BORY
DOLNOŚLĄSKIE
Bolesławiec
Lubin
Chojnów
LEGNICA
Złotoryja
Jawor
Strzegom
Lubań
Lwówek Śląski
Gryfów Śl.
POGÓRZE IZERSKIE
G. IZERSKIE
G. KACZAWSKIE
JELENIA GÓRA
Szklarska Poręba
Piechowice
Kowary
Kamienna Góra
Bolków
Świebodzice
Szczawno Zdrój
WAŁB
Boguszów-Gorce
Karkonoski P.N.
Karpacz
Sněžka
Krkonošský národní park
Pec p. Sněžkou
Harrachov
Špindlerův Mlýn
Vrchlabí
Jilemnice
Semily
Tanvald
Trutnov
Úpice
Náchod
Kudowa Zdrój
Dvůr Králové n. Lab.
Jičín
Hořice
Jaroměř
Josefov
Dobruška
Rychnov n. Kněžnou
HRADEC KRÁLOVÉ
Třebechovice p. Orebem
Kostelec n. Orlicí
ČESKÁ REP.
Adršpašsko-teplic. skály
Bludné Skály
Broumov
Lubawka
Mieroszów
Polanica
Nowa Paka
Nový Bydžov
Chlumec n. Cidl.
Opočno
Týniště n. Orlicí
Borohrádek
Byly obóz koncentracyjny
Bozkovské jeskyně
Ratibořice
Betlém
Peklo
Kotel
Černá h.
Golnice
Krzyżowa
Krzywa
Złotoryja
Nowa Wieś
Wądroże
Kaczorów
Kolín
Kunice
Kaczawa
10 km

D
E
F
123
E261
15
63
Moczydlnica Dworska
Pełczyn
Strupina
Skokowa
Kaszyce Wlk.
Prusice
Ujeździec Wlk.
Czeszów
Kuźniczysko
Twardogóra
Goszcz
Cieszyn
Wołów
Rudno
Mojęcice
Oborniki Śl.
Trzebnica
Jaźwiny
Zawonia
Złotów
Ludgierzowice
Drołtowice
Wojciechowo
Brzeg Dolny
Prawików
Uraz
Pęgów
Skarszyn
Dobroszyce
Węgrów
Oleśnica
Cieśle
E67
Poniatowice
Rzeczyca
Księginice
Szczepanów
Miękinia
Kryniczno
Błonie
Środa Śl.
94
2
Długołęka
Borowa
Kiełczów
Oleśniczka
Ligota Wlk.
Zbytowa
451
Wabienice
Bierutów
Krępice
Radakowice
Cesarzowice
Skałka
WROCŁAW
Grędzina
Jarosław
Rakoszyce
Kostomłoty
Kąty Wrocławskie
Sadków
Bielany
Kamieniec Wrocławski
Jelcz-Laskowice
Posadowice
Przeczów
Mikowice
E40
A4
Kostomłoty
Gościsław
62
Radwanice
Kotowice
Odra
Groblice
Minkowice
Bielany Wrocławskie
Biskupice Oławskie
Imbramowice
Mietków
35
Gniechowice
Żurawina
Okrzeszyce
Krajków
Sobocisko
94
Bystrzyca
Rogalice
Domanice
Mirosławice
Kobierzyce
Oława
Żarów
Tworzyjanów
Sobótka
Ręków
Przecławice
Gaj Oławski
Lubsza
39
Śmiechowice
Godzikowice
Pustków Wilczkowski
Ślęszów
Brzezica
Marcinowice
139
Ślęża
718
Brzezimierz
Borek Strzeliński
Brzeg
Stare Koln
Owczary
Świdnica
Jordanów Śl.
Sulistrowice
54
Mańczyce
Częstocice
Opole
Wiry
Brożec
Krzyżowice
Kiełczyn
Łagiewniki
Karczyn
39
Wiązów
E40
Łosiów
Mościsko
Jaźwina
Strzelin
Przylesie
Lewin Brzeski
Sieniawka
Prusy
Wierzbnik
Dzierżoniów
Gilów
Niemcza
Jegłowa
Wawrzyszów
Przecz
Bielawa
Przerzeczyn-Zdrój
Kazanów
Dobroszów
Przeworno
Wojtowice
Grodków
Gracze
Piława Grn.
Ostroszowice
Ciepłowody
392
Gierów
Żelazna
Kopice
Niemodl
Kluczowa
Henryków
401
E67
Bobolice
Sarby
Jaczowice
Ząbkowice Śl.
Twierdza z XVIII w.
Srebrna Góra
Stolec
Kość. paraf.
Ziębice
Jaszów
Skoroszyce
Sidzina
Malerzowice
Wolibórz
Budzów
Kamiennik
46
214
Sowin
Nowa Ruda
Nowa Wieś Kł.
Braszowice
Kamieniec Ząbkowicki
339
Karłowice Wlk.
Pakosławice
Łambinowice
Bożków
26
Niedźwiedź
Janowa
Jasienica Dln.
Wierzbie
Wojbórz
G. BARDZKIE
Bardo
Ożary
Topola
Jez. Otmuchowskie
Goświnowice
Nysa
Korfant
Ligota Wlk.
Otmuchów
Ścinawka Dln.
Twierdza z XVIII w.
Złoty Stok
Paczków
55
Włodary
Wilamowa
46
Biała Nyska
Ścinawa Mł.
Kłodzko
Kamienica
Dziewiętlice
Jez. Głębinowskie
Polski Świętów
41
Śmicz
Polanica Zdrój
Biała Woda
Javorník
Kałków
Sta. Las
Plorunkowice
Rudziczka
Trawna
Jasienica
Lądek Zdrój
Żelazno
Rychleby
Kijów
Gorzanów
Trzebieszowice
Vidnava
Szybowice
Prudnik
Sławniowice
Łąka
Prudnicka
Waliszów
60
Vel. Kunětice
Głuchołazy
40
Żulová
Mikulovice
Bystrzyca Kłodzka
Písečná
Stronie Śląskie
Trzebina
889
Bělá
44
Zlaté Hory
Jindřichov
977
Międzygórze
Lipová lázně
Jeseník
33
Poniatów
Śnieżnik
1425
Rejvíz
Třemešná
Horní Lipová
Heřmanovice
992
Domaszków
Kralický Sněžník
Serák 1351
450
Orlík 1204
Holčovice
Bartošovice v Orl. h.
Nagodzice
Nw. Wieś
Stare Město
Branna
Domašov
Vrbno p. Pradědem
Międzylesie
43
129
44
123
Mladkov
Boboszów
Kouty n. Desnou
Vidly
Morava
Karlovice
1
2
3
4
5
6

124

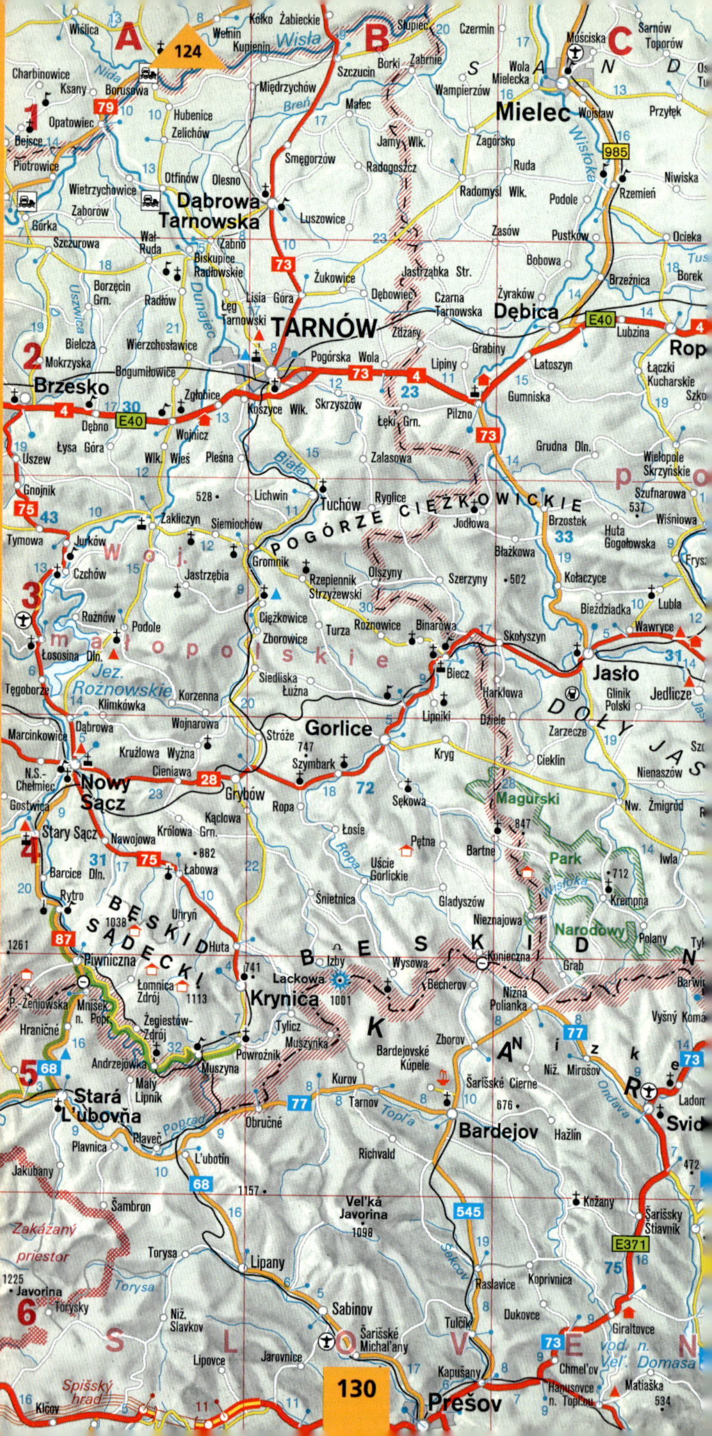

Wiślica
Kółko Żabieckie
Wełnin
Kupienin
Wisła
Słupiec
Czermin
Mościska
Sarnów
Toporów
Charbinowice
Ksany
Borusowa
Nida
Międzychów
Szczucin
Borki
Zabrnie
Wola Mielecka
Mielec
Wampierzów
Opatowiec
Hubenice
Zelichów
Breń
Małec
Wojsław
Przyłęk
Bejsce
Piotrowice
Smęgorzów
Jamy
Wlk.
Zagórsko
Wisłoka
Radogoszcz
Ruda
Niwiska
Wietrzychowice
Otfinów
Olesno
Dąbrowa Tarnowska
Radomyśl Wlk.
Podole
Rzemień
Zaborów
Górka
Szczurowa
Wał-Ruda
Żabno
Luszowice
Zasów
Pustków
Ocieka
Biskupice Radłowskie
Bobowa
Borzęcin Grn.
Radłów
Dunajec
Uszwica
Lisia Góra
Łęg Tarnowski
Żukowice
Jastrząbka Str.
Dębowiec
Czarna Tarnowska
Żyraków
Dębica
Brzeźnica
Borek
TARNÓW
Zdzary
Lubzina
Ropczyce
Bielcza
Mokrzyska
Wierzchosławice
Bogumiłowice
Pogórska Wola
Lipiny
Grabiny
Latoszyn
Łączki Kucharskie
Brzesko
Zgłobice
Koszyce Wlk.
Skrzyszów
Łęki Grn.
Pilzno
Gumniska
Dębno
Wojnicz
Łysa Góra
Wlk. Wieś
Pleśna
Biała
Zalasowa
Grudna Dln.
Wielopole Skrzyńskie
Uszew
Gnojnik
Lichwin
Tuchów
Ryglice
Jodłowa
Brzostek
Szufnarowa
Wiśniowa
Tymowa
Zakliczyn
Siemiechów
POGÓRZE CIĘŻKOWICKIE
Huta Gogołowska
Jurków
Błażkowa
Frysztak
Czchów
Jastrzębia
Gromnik
Rzepiennik Strzyżewski
Olszyny
Szerzyny
Kołaczyce
Bieździadka
Lubla
Rożnów
Podole
Ciężkowice
Zborowice
Turza
Rożnowice
Binarowa
Skołyszyn
Wawrzyce
woj. małopolskie
Łososina Dln.
Jez. Rożnowskie
Jasło
Tęgoborze
Siedliska
Łużna
Biecz
Harklowa
Glinik Polski
Jedlicze
Korzenna
Klimkówka
Dąbrowa
Wojnarowa
Stróże
Gorlice
Lipinki
Dzielec
Zarzecze
DOŁY JASIELSKIE
Marcinkowice
Kruźlowa Wyżna
Szymbark
Kryg
Cieklin
Nienaszów
N.S.-Chełmiec
Nowy Sącz
Cieniawa
Grybów
Ropa
Sękowa
Magurski
Nw. Żmigród
Gostwica
Stary Sącz
Kąclowa
Królowa Grn.
Łosie
Pętna
Bartne
Park
Iwla
Nawojowa
Łabowa
Barcice Dln.
Uście Gorlickie
Wisłoka
Krempna
Rytro
Śnietnica
Gladyszów
Nieznajowa
Narodowy
Polany
Uhryń
BESKID SĄDECKI
Huta
BESKID NISKI
Izby
Wysowa
Konieczna
Grab
Piwniczna
Łomnica Zdrój
Lackowa
Krynica
Becherov
Nižná Polianka
Barwinek
P.-Zeniowska
Mniszek n. Pop.
Hraničné
Żegiestów-Zdrój
Tylicz
Muszynka
Zborov
Vyšný Komárnik
Andrzejówka
Muszyna
Powroźnik
Bardejovské Kúpele
Niž. Mirošov
Stará Ľubovňa
Mały Lipnik
Kurov
Obručné
Tarnov
Topľa
Šarišské Čierne
Ladomirová
Svidník
Plaveč
Poprad
Bardejov
Hažlín
Ondava
Plavnica
Ľubotín
Jakubany
Richvald
Šambron
Veľká Javorina
Kožany
Šarišský Štiavnik
Zakázaný priestor
Torysa
Lipany
Raslavice
Koprivnica
Javorina
Toryský
Sabinov
Tulčík
Dukovce
Giraltovce
Niž. Slavkov
Šarišské Michaľany
vod. n. Veľ. Domaša
Chmeľov
Lipovce
Jarovnice
Kapušany
Hanušovce n. Topľou
Matiaška
Spišský hrad
Klčov
Prešov
SLOVENSKO

130

125
131
D
E
F
1
2
3
4
5
6
10 km
Nowa Sarzyna
Łętownia
Kamień
Kopcie
Stary Dzikowiec
Lipnica
Raniżów
Górno
Wólka Niedźwiedzka
Wola Żarczycka
Kuryłówka
Leżajsk
Kol. Polska
Majdan Sieniawski
Rożaniec
Synagoga
Brzóza Królewska
Ruchów
Zielonka
Sokołów Młp.
Trzeboś
Brzóza Stadnicka
Giedlarowa
Dębno
Widełka
Przewrotne
Nienadówka
Wysoka Głogowska
Medynia Głogowska
Grodzisko Dolne
Żołynia
Rakszawa
Dobra
Sieniawa
Wola Mołodycka
Tryncza
Gorzyce
Radawa
Czarna Sędziszowska
Głogów Młp.
Jasionka
Wisłok
Czarna
Bratkowice
Trzebownisko
Łąka
Głuchów
Grzęska
Przeworsk
Wiązownica
Trzciana
Świlcza
Krasne
Kosina
Łańcut
Gać
Pełkinie
Jarosław
Przybyszówka
Kraczkowa
Dębów
Mirocin
Zagłobień
RZESZÓW
Markowa
Albigowa
Sietesz
Kańczuga
Zarzecze
Pawłosiów
Tuczempy
Łowce
Radymno
San
Niechobrz
Boguchwała
Chmielnik
Husów
Siennów
Pantalowice
Chłopice
Czudec
Tyczyn
Borek Stary
Borek Nowy
Bystrowice
Babica
Mleczka
Rączyna
Straszydle
Lecka
Dylągówka
452
Jawornik Polski
Pruchnik
Kramarzówka
Rokietnica
PODGÓRZE RZESZOWSKIE
Woj. podkarpackie
Błażowa
Drohobyczka
Godowa
Konieczkowa
Bachórz
Dubiecko
Żurawica
Niebylec
Lutcza
Barycz
Dynów
Iskań
Krzywcza
Ostrów
Przemyśl
POGÓRZE DYNOWSKIE
Krasna
Domaradz
Hłudno
Nozdrzec
Krasiczyn
581
Wara
POGÓRZE
Brzuska
Korczyna
Stobnica
Blizne
Przysietnica
Jawornik Ruski
Cisowa
Fedropol
PL
Krosno
Brzozów
510
Bircza
Rybotycze
Nyżankovyči
Iskrzynia
Zmiennica
Dydnia
Grabownica Starzeńska
PRZEMYSKIE
Trójca
Kalwaria Pacławska
UA
Haczów
Targowiska
Trześniów
Jaćmierz
Mrzygłód
Kuźmina
618
Iwonicz
Rymanów
Zarszyn
671
Dobromyl'
Iwonicz-Zdrój
Nowosielce
Sanok
Tyrawa Wołoska
G. SŁONNE
Jureczkowa
Kwaszenina
UKRAJINA
Niebieszczany
Zagórz
Wańkowa
Lopušnycja
Nowotaniec
Poraż
Lesko
Olszanica
Krościenko
Bukowsko
768
777
Czaszyn
Uherce Mineralne
Ustrzyki Dolne
Wola Niżna
Hoczew
Solina
Rosochi
Wisłok Wlk.
Berezka
Teleśnica Oszwarowa
Sosnivka
862
Seredne Wielkie
Polańczyk
Jez. Solińskie
Żłobek
Mšanec'
BESKIDY WSCHODNIE
Rzepedź
Čertižne
Komańcza
Baligród
Sakowczyk
Czarna Górna
Laborec
Radoszyce
997
Vydraň
Polana
1022
Havaj
Medzilaborce
Palota
Nowy Łupków
Solinka
Lutowiska
Limna
938
Krásny Brod
Čabalovce
Maniów
Osława
Buk
Cisna
Dołżyca
Dwernik
Majdan
Stuposiany
Boberka
583
Svetlice
Kalnica
Bieszczadzki
Ruská Poruba
Ol'ka
Wetlina
Brzegi Górne
Radvaň n. Lab.
Nižná Jablonka
Hostovice
1188
Wlk. Rawka
1307
1221
Ustrzyki Grn.
1346
1333
Kremenec
Wołosate
P.N.
Papín
vod. nádrž Starina
Runina
N. Sedlica
Nižná Sitnica
Koškovce
Zubné
Ruský Potok
Zboj
Stužycja
Stakčín
SLOVENSKO
KARPATY

In diesem Register sind alle in diesem Führer erwähnten Orte und Ausflugsziele verzeichnet. Halbfette Seitenzahlen verweisen auf den Haupteintrag, kursive auf ein Foto.

Impressum

Titelbild: Marienburg, Blick auf die Burganlage (Look: Stankiewicz)
Fotos: R. Freyer (U. l., U. M., U. r., 1, 4, 5 l., 5 r., 7, 9, 18, 21, 27, 30, 37, 39, 41, 42, 43, 44, 47, 57, 60, 64, 68, 71, 72, 74, 75, 76, 78, 81, 82, 84, 88, 90, 92, 94, 96, 100, 104); J. Gläser (20, 63); J. Goliszewski (25); R. Hackenberg (2 o., 26, 54); HB Verlag: Kalmár (32, 34); F. Ihlow (62, 99); Look: Stankiewicz (115); T. Stankiewicz (22); Transglobe: Richardson (2 u.), Schrader (24); transit: Hirth (6, 10, 12, 14, 17, 28, 35, 50, 52, 67, 103)

9., aktualisierte Auflage 2004 © Mairs Geographischer Verlag, Ostfildern
Herausgeber: Ferdinand Ranft, Chefredakteurin: Marion Zorn
Redaktion: Arnd M. Schuppius, Bildredaktion: Gabriele Forst
Kartografie Reiseatlas: © Mairs Geographischer Verlag/RV Verlag, Ostfildern
Gestaltung: red.sign, Stuttgart
Sprachführer: in Zusammenarbeit mit Ernst Klett Verlag GmbH, Stuttgart, PONS Wörterbücher

Printed in Germany. Gedruckt auf 100% chlorfrei gebleichtem Papier

Bloß nicht!

Auch Polen hat seine Tücken für Touristen

Verkehrsregeln missachten
Seit 2001 gilt in Polen ein neuer Bußgeldkatalog mit drakonischen Strafen. Für Überschreitung des Tempolimits, Alkohol am Steuer oder Telefonieren beim Autofahren zahlen Sie bis zu 125 Euro Strafe. Und damit die Polizisten nicht mehr in Versuchung kommen, Schmiergelder anzunehmen, kassieren sie nicht bar, sondern stellen eine Rechnung aus.

Zu leichtsinnig sein
Polen ist inzwischen zwar besser als sein Ruf. In den letzten Jahren wurden weniger Taschendiebstähle registriert, und auch der Diebstahl westlicher Autos ist deutlich zurückgegangen. Trotzdem sollten Sie im Gedränge auf Bahnhöfen, in Zügen und Bussen auf Ihre Brieftasche achten (selbst wenn Sie sie in der Innentasche Ihres Jacketts gut untergebracht glauben), höhere Geldsummen im Safe des Hotels deponieren, nichts Wertvolles im Auto liegen lassen und das Fahrzeug tagsüber durch Wegfahrsperre bzw. einen Alarm sichern und nachts auf einem bewachten Parkplatz abstellen.

Leitungswasser ungeprüft trinken
Bevor Sie Ihren Tee mit Leitungswasser kochen, sollten Sie sich nach der Qualität erkundigen. In vielen Orten ist das Leitungswasser nicht nur ungenießbar, sondern auch gesundheitsschädlich. Sollten Sie allerdings in Masuren sein oder durch das Bieszczady-Gebirge wandern, dann vergessen Sie die Gräuelgeschichten, und genießen Sie einfach das klare, bekömmliche, reine Wasser!

Schlaglöcher übersehen
Die großen Landstraßen sind normalerweise gut ausgebaut. Umso überraschender kommt die Eisenbahnfalle: Fast alle Schienenübergänge sind so uneben, holperig und löchrig, dass sie schon manches nicht mehr brandneue Auto die Achse gekostet haben. Auch im Stadtverkehr sollten Sie das Tempo drosseln: Warschau hat Schlaglöcher, die Ihr Auge sicher zu spät bemerkt und Ihr Scheinwerfer zu spät ausleuchtet.

Taxi fahren ohne Taxameter
Manche Taxis kosten in Polen mehr als andere. Vom Flughafen oder Hauptbahnhof zahlen Sie bis zu dreimal so viel zum Zielort wie normal. Andere Taxifahrer spekulieren auf Ihre Hilflosigkeit als Ausländer und verlangen einen überhöhten Preis. Lassen Sie also auf jeden Fall das Taxameter einschalten und multiplizieren Sie die Zahl mit dem Faktor, der – stets gut sichtbar – je nach Inflationsstand im Taxi angegeben sein muss. Am besten fordern Sie ein Funktaxi an (in Warschau z. B. Tel. 96 22, 96 44 oder 96 64).